法政大学建築学科卒業設計有志展

2020

▷ はじめに

── 建築まで、あといっぽ ──

　どんなに努力しても理想の建築にはたどり着けないというジレンマ、そして卒業設計という大いなるSFに対してのメッセージです。学部4年間の集大成、届かない「あといっぽ」に藻掻く、私たちの設計を見届けて頂ければという願いを込めました。

　「2020 法政大学建築学科 卒業設計有志展」は、学内の公開審査会の後に、学生による企画運営のもと開催されました。法政大学では全学生が卒業論文と卒業設計の両方に取り組みます。1年間考え、手を動かしてきた作品を皆が発表し、より多くの方に見ていただく機会を設けたいという願いから始まった有志展も今回で3回目を迎えました。

　今年度はゲスト審査員として、門脇耕三氏、髙橋一平氏、仲俊治氏、中川エリカ氏、藤野高志氏、以上5名にご多忙の中お越しいただきました。これまでスタジオでお世話になった先生方には4年間の成長をみていただき、そして法政建築にない新たな視点でご講評をいただいた先生方からは自らも気づくことの出来なかった作品のポテンシャルを引き出していただきました。

　先生方にご教示いただいたこと、そして仲間達との励みは、私たちが卒業しそれぞれの道へ前向きに進む「いっぽ」を後押ししてくれるものとなりました。

　今回の卒業設計有志展では、例年以上に外部の方をたくさんお招きし学外の交流を深め、より企画を拡大していきたいと考えておりました。審査員の先生方はじめ、ご協賛いただいた各企業のみなさま、そして本作品集発行という貴重な機会をくださいました総合資格学院および同出版局の皆様に深く御礼申し上げます。

　私たちの「あといっぽ」と向き合う姿が、見ていただいた方にいっぽでも、近付くことを願っております。

2020 法政大学建築学科 卒業設計有志展 学生一同

▷ 特別協賛および作品集発行にあたって

　ハイレベルなスキルと高い倫理観を持つ技術者の育成を通じ、安心・安全な社会づくりに貢献する―、それを企業理念として、私たち総合資格学院は創業以来、建築関係を中心とした資格スクールを運営してきました。昨今、「労働人口の減少」は社会全体の問題となっており、建設業界の「技術者」の不足が深刻化しています。当学院にとっても、技術者不足の解消は使命であると考え、有資格者をはじめとした建築に関わる人々の育成に日々努めております。

　その一環として、将来の活躍が期待される、建築の世界を志す学生の方々がさらに大きな夢を抱き、志望の進路に突き進むことができるよう、さまざまな支援を全国で行っております。卒業設計展への協賛やその作品集の発行、就職セミナーなどは代表的な例です。

　さて、この度「法政大学建築学科卒業設計有志展」に協賛し、同展初となる作品集を発行する運びとなりました。

　本作品集では、出展者の皆様が4年間の学生生活で建築を学び、取り組まれてきた成果である卒業設計を、2ページを割いて紹介し、審査員からのコメントもすべての作品に対して掲載しております。また、5名の審査員による講評会の模様も収録し、資料としても非常に有益な、読み応えのある作品集です。

　本作品集が、法政大学建築学科の後輩の方をはじめ、社会に広く発信され、多くの方々に読み継がれていくことを願っております。

　近年、人口減少時代に入った影響が顕著に表れ始め、人の生き方や社会の在り方が大きな転換期を迎えていると実感します。建設業界においても、建築家をはじめとした技術者の役割が見直される時期を迎えております。そのようななか、本設計展に参加された学生の方々、また本作品集をご覧になった若い方々が、時代の変化を捉えて新しい建築の在り方を構築し、高い倫理観と実務能力を持った建築家そして技術者となって、将来、家づくり、都市づくり、国づくりに貢献されることを期待しております。

総合資格学院　学院長

岸　隆司

▷ C O N T E N T S

▷ 2020 法政大学 建築学科 卒業設計有志展 開催概要

テーマ 「建築まで、あといっぽ」

どんなに努力しても理想の建築にはたどり着けないというジレンマ、
そして卒計という大いなるSFに対してのメッセージです。

出展者数
22名

日程
2020年2月11日（火・祝）〜2020年2月12日（水）

会場
3331 Arts Chiyoda 1F コミュニティスペース

審査員
門脇 耕三　（明治大学理工学部建築学科 准教授／アソシエイツ）
髙橋 一平　（髙橋一平建築事務所）
仲 俊治　（仲建築設計スタジオ）
中川 エリカ　（中川エリカ建築設計事務所）
藤野 高志　（生物建築舎）

主催
2020 法政大学建築学科卒業設計有志展 学生一同

特別協賛
（株）総合資格　総合資格学院

協賛
シューコー・ジャパン（株）／（株）レモン画翠／（株）辰

▷ 受賞作品一覧

優秀賞

立花 果穂　「在る経験」

鶴川 留美　「なんとなくのルール」

田中 美海　「パティオのしつらえ」

門脇耕三賞

中谷 司　「奥沢二丁目計画 第5世代住宅」

髙橋一平賞

佐藤 弥優　「所有のあいだに」

仲俊治賞

木伏 菜々　「INTER -vague- SPACE」

中川エリカ賞

西牧 菜々子「線がつなぐ、虚構と日常。
　　　　　　都橋商店街ビルを中心とした劇場化計画」

藤野高志賞

中田 宗一郎「建築を待ちながら」

講評会・報告会

Judges Document & Debriefing

講評会

2月11日の講評会当日、
会場に並んだ模型を前に、
出展者は一人ずつ巡回する審査員に対し
プレゼンテーションを行った。
巡回形式の講評を経て、
審査員が各作品につけた点数を集計し10名を選出。
この中から受賞者を決めるための
議論が交わされる。

門脇 耕三
明治大学准教授
アソシエイツ

髙橋 一平
髙橋一平建築事務所

仲 俊治
仲建築設計スタジオ

中川 エリカ
中川エリカ建築
設計事務所

藤野 高志
生物建築舎

【審査員5名の「推し」は?】

門脇 上から、立花果穂さん、中田宗一郎さん、木伏菜々さん、鶴川留美さん、田中美海さん、中谷司さん、木寺紫野さん、佐藤弥優さん、西牧菜々子さん、相馬孝世さんの順で得点が入っています。まずはこの10人の中から、われわれ審査員が最大3人ずつ応援したい方をあげていく、という方法でいきましょう。では髙橋さんから、お願いします。

髙橋 僕がつけた得点ですと、1番が鶴川さん、立花さん・佐藤さんが同点となっています。この3人を推したいと思っています。鶴川さんの案は全体で見ると4位ということですが、「なんとなくのルール」とあり、そのような物事の決定理論を試みた例は今までなかったのではと思います。全ての人間はルールをしっかり決めて生活していますが、「なんとなく」と和らげることで、例えばひとつのまちをつくろうとする時、皆で参加できるような解放感がありつつ、全体を常に統制するデザイン監修者の存在を残しているだろうと思います。果たしてこの方法で全体のデザインがどうなるかは未知ですが、こうした価値観は、ポストモダンの次に来るような、ポストポストモダンと言えるのではないでしょうか。実際にこの提案を運用していくには、鶴川さんが必要不可欠となります。クリストファー・アレグザンダーがパタン・ランゲージ理論で言及し切れなかった全体デザインについて、鶴川さんはやろうとしている気がして、大きな希望を感じました。佐藤さんはもう少し順位が高くても良かったのではと思います。まず卒業設計として面白いのが、増築でも転用でもなく、減築だけで建築をつくっているということ。減らす程度は自分で決めていますが、明確

に、四段階に分けていました。最初は一階だけ壊す、次は屋根を全部とる、と進めていくと、なんだかローマのように廃墟とともに人が生きるまちみたいなものができあがって、破滅と誕生を同時に描こうとしています。そのプロセスも含めてとてもきれいだと感じました。ただ、敷地が2つのエリアに分かれていて連続的な人間の活動に見えづらかったので、全体としてはこの順位になったのかもしれません。立花さんの提案は現時点でもう1位ですので、普通に異議はありません。

門脇 普通に・・・(笑)

髙橋 全く応援演説になっていないですね(笑)。立花さんの提案で一番いいなと思ったのは、木造密集市街地の模型表現の抽象化と緻密さのバランスです。ここに設計スタンスが表明されている。このように、ある案配でやや抽象化を踏んでから既存の物質感を捉えていることはなかなか難しいことです。さらにそこで更新されていくまちを歩く経験と住人がまちの内部としての家の経験をどのように繋げるかというテーマには、深い想像力を要したと思います。

門脇 なるほど。大変クリエイティブな解釈で、納得しました。次は藤野さんです。

藤野 私が得点をつけた中での上位5人は、立花さんと中田さんが同点で1位、次いで田中さん、相馬さん、佐藤さんでした。先ほど髙橋さんの話に出てこなかった田中さんの「パティオスのしつらえ」ですが、首尾一貫したストーリーでいいなと思いました。卒業設計では、リサーチとアウトプットそれぞれは良いのに、2つが繋がっていないという提案が散見されます。一方で田中さんは、きちんと使われることを想定してつくられたものの、塞がれて使われなくなった集合住宅の中庭がある中で、住

ポストモダンの次に来るような、ポストポストモダンと言える

人が減って虫食い状態になっているという現在に即して、過去のものである中庭に手を加えて人を積極的に呼び込もうというストーリーで納得できました。立花さん、中田さんは上位にきているし、佐藤さんも髙橋さんが話していたからいいとして、あとは相馬さん、先ほど各作品へのコメントを述べたときには否定的になっていたかもしれませんが、あのような予期せぬ場所に対して人がどこまで働きかけていくことができるかということで、建築のつくり方を変えることで使われ方が変わる。それを設計者が計画的につくるのではなく、プログラムへある意味放り投げてつくってみるという方法論に言及しているところは面白いなと思い、全体では10位ということですが、僕は結構高得点をつけていました。

門脇　確認ですが、推しは立花さん、中田さん、田中さんでよろしいですか？

藤野　そうですね。

門脇　はい。では、仲さんお願いします。

仲　私の評価ではあまり得点差がついていなくて、明確な順位をつけるのが難しいですが、鶴川さんはずば抜けてよかったです。あとは立花さんと木伏さん、スペシャルメンションとして佐藤さんかなと思います。鶴川さんの提案は手法に共感できますし、その手法が下手に抽象化されず、漂白されないまま建築に取り込まれていて、その操作によってひとつの場所がいろいろな意味を持っている。そうして豊かな空間がたくさん出来上がっていて、非常に魅力的な案です。立花さんは、プレゼンの時の言葉にグッときました。「自分の主観を共有していくことができるのではないか」という言い方をしていたと思いますが、「自分はこう暮らしたい」という思いが、周りにも共感してもらえるのではという期待感から建築が展開

「自分はこう暮らしたい」という思いが、周りにも共感してもらえるのではという期待感

されている。また、内側の立面がよく考えられていて、かつそれが分かるように模型がつくられていました。都市に暮らす体験がこんなにも豊かになるのだと、よく伝わるプレゼンテーションが良かったです。木伏さんは、体験をうまくデザインしようとしていました。段差や隙間に見捨てられた、デジタルの世界ではたどり着けないような触感や冷たさがある場所を、人々の居場所にしている。それを塗り合わせて生活をしていることに、隠れたゲリラ活動のようなものを感じて評価しました。

門脇　はい、ありがとうございます。僕がまず推したいのは相馬さんの提案です。彼はアルゴリズムを展開して集合住宅と商業施設をつくっていましたが、要するに彼が言いたいことは、人間の設計者は使い方を先回りして考えてしまうので、むしろ冷徹なアルゴリズムに任せることによって、ある種意味のない空間ができる。その意味のない空間を居住者やユーザーが発見していくことで、使用することそのものがクリエイティブに、つまり建築をつくることに結びつくのだということではないか。相馬さん自身は、おそらく一貫してそういうことをやろうとしていて、その姿勢を評価したいと思います。次は中谷さん。彼は塀というエレメントに着目して、住宅地の裏側でその境界を揺るがすような境界を複層させ、さらに境界を拡張するような建築をつくっている。そのことによって、おそらく敷地境界線のような所有意識からは明らかに逃れることができるでしょうし、できあがったものも、塀の隙間を通っていくと奥にぽっかりと大きな空間があったりして、とても良いなと思いました。ただ、本人は大小のスケールが展開するシークエンスをあまり意識しておらず、エレメントの質感も、せっかく周辺を調査したのにあまり意識されていませんでした。最終的

に構成が平坦で抽象的な建築になってしまったのはやや残念です。他には、立花さんと木寺さんの提案が良いと思ったのですが、木寺さんは、三角形のヘタ地が「図と地」で言うところの「図」に見えてくるともっと良くなったのになあと思います。立花さんは皆さんと同じく良いなと思っていて、どちらかというと立花さんの提案に惹かれていますので、私からは立花、中谷、相馬各氏を推薦します。

中川 順位を見て、自分の採点がいかに他の方と違うのかを痛感しています。最も高い点数をつけたのが西牧さん、2番目が立花さん、3番目が服部さん、4番目が濱野さん、5番目が田中さんでした。全体を通じて、何に対する批評かということがすごく分かりやすいと感じました。でも、批評の結果つくった建築がどのような効果を生んでいるのかということに言及できていない提案には、たとえチャレンジングな内容だったとしても少し辛めに点をつけています。だから他の方とは点数のつけ方が違ったのかもしれません。西牧さんはスケールに対する批評かなと思いました。橋という土木的なエレメントを建築のスケールでつくってしまう。そして建築と合体させて、まちの中に入れ込んでみると、いかに違うことが起きるのかということを言っている気がしました。巡回審査の時に本人にも話しましたが、あの場所にしか当てはまらない提案とあの場所以外でも応用可能な提案が混在している。例えば、建築的なスケールで土木エレメントをまちへ入れてみると、車が通り抜けできないなどのエラーが起きてしまうので、エラーの効果もさらに考慮して車や人の動線まで設計していけば、もっと広範囲なまちの計画に結びつけることができるのではないかと感じました。次に立花さんは、立面の奥行きに特化して考えていく、つまり立面を領域の深さとして捉えることに魅力を感じ

批評の結果つくった建築がどのような効果を生んでいるのかということに言及する

ました。「都市を内包する」というとき、今までは都市を概念化、抽象化していたと思いますが、立花さんは「都市の経験を内包する」と言っていました。具体的なまま、どうやってモノに直結させるかという問いは、鶴川さんと似たところもありますが、できたもの自体がより効果を発揮しそうだと思ったのが立花さんの提案でした。もう一人は、田中さんを推します。日本ではパブリックがほとんど根付かず、そうかと言ってコモンが今どれほど役に立つのか分からないという中で、どのようにして人の集まりに場所を与えていくかという難しいことに取り組んでいました。プレゼンテーションが地味に見えてしまうのですが、その背景にはとても大きな批評が潜んでいると感じました。

門脇 まとめると、立花さん、田中さん、鶴川さんを複数の審査員が推しています。立花さんには全員の票が入っていますが、皆さんの話を聞いていると、得票の通りに受賞を決めてしまうべきではない感じもします。

藤野 さっきは言及しませんでしたが、僕は立花さんが激推しですよ。

中川 立花さんは最高得点だったから、自分がそこまで推さずとも誰か推すだろうと、全員が思ったのでしょう。皆さん別に推してないわけではないですよね（笑）？

門脇 そうすると、まずは立花さんが優秀賞ということでよろしいでしょうか。

（一同拍手）

【設計者自身が主張する素晴らしさを、その通りに評価すべきでない】

門脇 次に、改めて一人ずつ激推しを挙げていきましょう。

「この作者とともに私は戦うのだ！」という人を。中川さんは西牧さんですよね。髙橋さんは？

髙橋 私は鶴川さんですね。

藤野 私は中田さん。

門脇 僕は相馬さんかな。仲さんは？

仲 鶴川さんです。

中川 これとは別に個人賞を決めるということですか？

門脇 個人賞は個人賞として、せっかく5人の審査員がいるから、5人のケミストリーでどんな評価が生まれるのかという議論をやりたいじゃないですか（笑）。髙橋さんは鶴川さん、中川さんは西牧さんをそれぞれ激推ししていますので、このあたりバトルし甲斐がありそうですね。でも僕は正直なところ、髙橋さんのコメントを聞いて「鶴川さんと一緒に戦ってもいいかな」と思ったんですよね。髙橋さんの軍門に下ろうかな。

藤野 となると、鶴川さん推しの人が3人で過半数になりますね。

中川 鶴川さんを推していないわけではないですが、バトルしろということなので一言。鶴川さんは、新しい立ち位置で今までできなかったことをやろうとしているのは分かりましたが、できあがったものをどのように理解すればいいのか、鶴川さん自身が説明しきれていない。鶴川さんを推しているみなさんの応援演説を聞きたいです。

門脇 なるほど、ではもっと応援していただきましょう。藤野さんが、まだあまり鶴川さんの提案にコメントしていないのでお願いします。

藤野 私が一番気になっているところは、できあがった空間が、動線のつくり方などでは多様さが表れているのですが、結果的に空間自体はテクスチャーや空間ボリュームなどが均質なものになっている点です。

中川 応援じゃなかった気がしますね（笑）。じゃあ髙橋さんに、ひとつ投げかけをしたいのですが、つくったものがどういう効果を生むのか、本当はもう一声ほしいと思いませんか？

髙橋 そうですね。でもそれは確信的に示してしまってはいけないのだと思う。この提案は確信的なスタンスを表明し過ぎると、自己矛盾が起こる類の哲学なんです。それをしないで踏みとどまったのは、すごい度胸だと思います。また、できあがった空間は、わざと間違えたのか、コンピューターがエラーを起こしたのか、もしくはすごく新しいのか、価値観がごちゃ混ぜになっていて興味を持っています。「この価値観を体現した建築はこれです！」と言うと、一人の建築家の表明であり、ユートピア的になってしまう。その点、建築に関わる人たちに向けたコミュニケーション、提案の見せ方が巧みです。ですから中川さんの問いに対する答えとしてはやはり、言う必要がないんですね（笑）。あくまで投げかけ続けることが一番ラディカルな作品性を持っていると思います。

中川 でも鶴川さんと話していると、言いたくないという雰囲気ではなかったように思います。今の話は、鶴川さん自身どれくらい意識的だったかというと若干あやしいような・・・。

髙橋 それは本人に言わせたら絶対「そうです」と言うに決まっているし、僕や受け手が勝手に決めればいいことなのだと思います。僕がそう思うから票を入れているのであって、本人がどう考えているのかなんて、正直なところ関係ないと思っています。例えば、パルテノン神殿がいかに確信的な設計主旨を以て表明されたのかどうか、ということは関係ないでしょう。別の解釈をしているかもしれないし、して良いと思います。何千年か後の人た

ちもパルテノン神殿に評価を見出しているわけです。だから、設計者自身が主張するその建築のすごいところに対し、そのまま評価を下す方法は、建築の精神とはずれているのではないでしょうか。

藤野 でも今日の講評スタイルとしては、出展者から話を聞いて、それも含めたパッケージとしての評価をするのでは？

髙橋 質疑応答の時間は別になくても良かったと思っています。その評価方法だけで決めることは疑問です。

中川 じゃあ鶴川さん本人がどうかは置いといて、気になっているのは、「なんとなくのルール」として、具体的なリサーチをすべてごちゃ混ぜにして建築に直結させながらつくる時に、なんだか結局は場当たり的だったなぁというのだとつまらないですよね。答えはないし効果も言及しないルールのつくり方が良いとなると、なんでもありになってしまう気がします。ということは、具体的なものはやはり具体的な効果を発揮して、それが好感を呼び広がっていくということに未来をみたい。ルールだけを評価してしまうと、抽象化することと似てきてしまうのではないかと引っかかっています。

門脇 この提案には、建築が空間の大きさ、プロポーション、隣接関係の問題だけに還元されているような野蛮なところがあって、それがすごく不満なところです。加えて、これが新しい建築的な言語かというとかなり疑問が残る。一方で、この建築ができあがって廃墟になったあとに、何も知らない未来人に発掘されたとしても、彼らにも伝わるような強烈さは間違いなくある。だから、髙橋さんのパルテノンの話を聞いてなるほどと思いつつあります。

仲 鶴川さんの提案が良いなと思った理由は、プロセスがそのまま身体感覚を呼び起こしているからです。それ

は抽象化していないからということもあるのでしょう。そういったものが連鎖してつくられて、あるいは意味が重ねられて、身体的なことが風景につながってきているように思いました。そのスケール感を評価しました。

門脇 鶴川さんはここまで背中を押されては致し方ないですね。これを是非重荷に思って生きていただきたい。というわけで、優秀賞は鶴川さんに差し上げましょう。

【提案の背景に感じる批評精神】

門脇 では残り1席ですね。おそらく、中田さんを推している藤野さんと、西牧さんを推している中川さんのバトルになるのではという気がするのですが。

中川 田中さんのことも、皆さん推しているのでは？

門脇 確かに田中さんの提案はすごく良いと思いました。あの静的というか、スタティックなファサードが、微生物に分解されるかのように溶けていくさまが面白い。中庭型の完結したボリュームは、ストリートに焦点を当てることで、ある「表層」としても捉えることができそうで、記号論的な感じも混じった変な世界ができて、「これこそ日本的な空間なのである」と宣言してもいいくらいのポテンシャルを持っている。にもかかわらず、スケルトンになっていることが残念ですが、大きな可能性を持っていることは確かです。

藤野 中田さんと、最初に推していた相馬さんの2人は似ているところがあると思って、中田さんは、ものができていくプロセスに自分がどう関与しないかということについて考えていて、コンクリート造の建物しか自分で設計していないんですよ。木造や鉄骨造が組み合わさってくる箇所は、卒業設計を手伝ってくれた人たちに任せてつくってもらったとのことで、つくり方としてはむしろポ

未来人に発掘されたとしても、彼らにも伝わるような強烈さは間違いなくある

ジティブで、都市の中で建築をつくる時に、都市との連続性を遮断して輪郭がはっきりと現れる現象を回避する手法として面白いと思います。設計に他者性を取り込むことを、自作自演でなく、本当の他者の介在という方法論として見出している。相馬さんと中田さんを比較して、中田さんの方が最終的なアウトプットとしてそういった形がたくさんありましたので、高く評価しました。

中川　うーん、中田さんになにか恨みがあるわけではないですが、中田さんを推すなら田中さんを推したいなと思います。私が思うに中田さんの提案は、スケルトン・インフィル批判なのでしょう。操作できないものと自由なものを混在させ、フレームから逃れた建築をつくることができないかという提案だと思いましたが、本人はあまりその点に言及しないし、質問しても答えてくれない。では、彼は何のためにこれを提案しているのか、中田くん個人のロマンスなのではないかという疑念が晴らせずにいます。一方で、田中さんは背景に大きな批評精神があるように感じていて、今の表現の仕方では伝えきれていませんが、相当伸びしろがあります。ということで、田中さんを推したいというのが私の意見です。

門脇　もう仲さんに決めてもらいましょう。

仲　実は僕、西牧さんが良いと思っているんですよね。橋の対岸にある福富町西公園は、桜の木がたくさん植えられていて、子どもたちもよく遊んでいるすてきなところです。そこへ西牧さんがデザインした橋は、ジャンクションや階段が設けられていて、幅は１mと繊細なものでした。野毛のまちが本当によく投影されている、建築的かつ都市的な提案であると思いました。

門脇　これは決選投票を行うのが良さそうですね。中田さん、田中さん、西牧さんはどなたも力強い推しコメント

設計に他者性を取り込むことを、本当の他者の介在という方法論として見出している

がありましたので、この３人を対象に多数決で異論ありませんか。

一同　はい。

門脇　順番に挙手していくと、他の審査員の出方を伺う人が出てしまうかもしれないので、中田さんがグー、田中さんがチョキ、西牧さんがパーということで、全員がいっぺんに投票しましょう。最初はグー、と言うのはダメですね（笑）。じゃんけんポイ。

藤野　あー、割れたね。

中川　田中さんと西牧さんが２票ずつ入っていますね。

門脇　中田さんに投票したのは藤野さんだけなので、藤野さんに聞いてみましょう。田中さんと西牧さんだったら、どちらに投票しますか？

藤野　それなら田中さんですね。

門脇　では、田中さんが優秀賞ということですね。おめでとうございます。あとは個人賞ですね。それぞれ発表していきましょう。

中川　私は、みなさんご存知の通り、西牧さんを中川賞に選びます。

門脇　僕は最初に惹かれた、中谷さんに門脇賞を差し上げたいと思います。

仲　僕が最初に推した中では、木伏さんと佐藤さんがまだ受賞せず残っていますが、順番からすると木伏さんを仲賞にしたいと思います。でも佐藤さんも非常に素敵な提案でした。

藤野　私は中田さんを選びます。

髙橋　髙橋賞は佐藤さんですね。

門脇　ということで、無事すべての賞が決定しました。みなさんおめでとうございます。

有志展を振り返って（報告会）

有志展を終え、3月25日（水）に総合資格学院吉祥寺校にて有志展の報告会が開催された。そこでは、今回の設計展の良かった点、改善点が共有された。また、法政大学建築学科のOBである種田元晴氏、香月真大氏も参加し、即席の講評会に。2名の建築家は、自身の卒業設計エピソードなどを交えながら各作品の講評と共にアドバイスを贈るなど、OBと学生の交流の場にもなった。

　有志展の報告会では、まず、学内講評会との違いと良かった点が挙げられた。具体的には、学外の審査員による新しい視点での評価をもらえたこと。巡回審査では、審査員それぞれと1対1で話す機会が設けられていたほか、その後の議論では、審査員がどの提案をどのように評価したのかを聞くことができた。また、非常勤講師として関わりのあった審査員からは、制作過程も含めたコメントがあった。

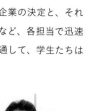

　一方、改善点として挙げられたのは、展示のスペースと方法だ。会場の立地は良く、複数の鉄道路線が利用可能な立ち寄りやすい環境だったが、スペースとしてはやや狭く、展示方法にも制限が出てきてしまった。運営にあたっては、自らの卒業設計と同時進行となるため、学生間での連携が難しくなる時期もあったそうだ。協賛企業の決定と、それを反映したポスター制作・広報、会計など、各担当で迅速な連携が求められる。しかし、運営を通して、学生たちは

これまであまり関わりのなかったメンバーとも話す機会が生まれ、建築学科としてまとまることができたという。

　報告会の会場となった総合資格学院からは、首都圏を管轄する田中雅弘氏が「一般来場者がもっと増えるような設計展へと成長させていきましょう。気になった点を挙げると、審査員の控室が必要だと思いました」とのアドバイスがあった。さらに、今回発表された改善点などを、次年度へ引き継いでいく重要性も指摘された。

　報告の後、当日参加した有志展メンバーとOBによる講評会へと発展。各作品のプレゼンテーションと質疑応答が行われた。その中で種田氏は、「自分たちの反省でもありますが、卒業設計では熱中しすぎて本人が何をやっているのか分からなくなることが多いです。作品のすべてを大事にしたくなるから、一番言いたいことは何かを決められない。でも、一番言いたいことの中に作品のオリジナリティが存在しますから、今後はそこを研ぎ澄ませてプレゼンできる力を養っていって欲しいと思います」と述べた。また、香月氏からは「建築を使う人物像や運営の仕方、経済的なシステムがどのように提案されているかが気になります。このような建築の周辺事項がしっかり構築できたら、次は建築の形ですね。良い建築をたくさん見て造形力を高めていくといいでしょう」と、設計実務に携わる立場からの話があった。

　次年度の開催に向けた活動もすでに始まっている。運営の学生たちは、建築学科以外の学生にも来てもらえるような設計展にすることを目指しているそうだ。今後の有志展の発展に期待が高まりつつ、報告会は幕を閉じた。

種田 元晴
文化学園大学
造形学部建築・インテリア学科
准教授
2005年3月
法政大学工学部建築学科
卒業

香月 真大
香月真大建築設計事務所
2007年3月
法政大学工学部建築学科
卒業

出展作品

Exhibited Works

在る経験

| プログラム | 街の経験を内包する住宅 |
| 計画敷地 | 大田区大森東 |

立花 果穂
たちばな かほ

北山研究室

「ひとりの主観は共有できるものなのではないか（卒制の裏テーマ）」
「Hold me tignt（卒制ソング）」
「研究室でカレーをつくってみんなで食べる（卒制中の息抜き）」

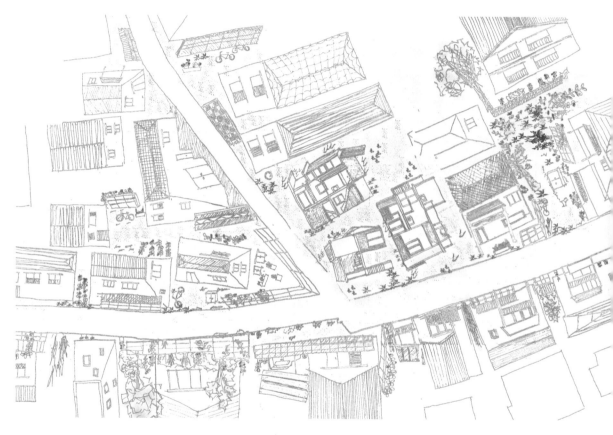

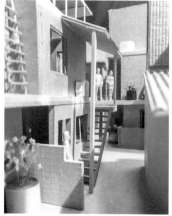

審査員コメント

都市的な体験を住居の中にまで引き込もうという試み。都市性は立面に宿るものだという極端な仮説は大変面白いですが、その分析と踏み込みがやや足りないように思います。都市の制約の中に現れる個人的で雑多な表出そのものが都市性なのだと

場所は、自分の地元である東京の端に位置する大田区の大森東。一見すると、なんでもないような、住宅地や工場が一様に広がっていると一括りにされてしまう場所である。だが、私はこの場所には不思議な魅力があると思っている。都心部とは異なり、空地が空地のまま取り残されているおおらかさ、置かれているモノたちが存在する余白。雑多に道にはみ出す生活の気配。何気ない歴史の重層性や即席の小さな建築たち。

まちを自分の主観で経験してみると、一括りにできないほど、多様さが存在する。しかし、それらの多様性に関わらず私たちは、目的地から目的地へと移動を繰り返すのみで、目の前の空間には無関心だ。今回、私の主観によったまちの魅力を伝えるために、都市の経験を内包する建築を提案する。都市の経験を構成していた建築の立面が内外に現れ出る時、住宅の中には道が貫通し、都市の経験者は多様な道を獲得できる。日常生活は閉じられたハコの中だけでなく外部にはみ出していき、自分のまちの経験が建築の経験と一致しはじめる。この小さな住宅を通り過ぎた後には、まちの経験までもが塗り替わり、新たなまちの住みこなし方が生まれるかもしれない。

私から見た地元の風景

立面が奥行きを持って展開するとき、街の経験までもが塗り替わる

仮に分析するならば、雑多な個人性がむしろ建物の内部に裏返って出てくる。都市的な空間の中で人が過ごすのだとすると、人は安心できるのか。または安心を求めて、小さな隙間のような空間を求めるのかもしれないという妄想が広がるはずです。原広司の反射性住居のように、建物の内外が裏返ったかのように暮らすということはどういうことなのだろうかと、さまざまな妄想に身を任せてほしいです。（門脇耕三）

なんとなくのルール

プログラム 住宅
計画敷地 東京都町田市鶴川

鶴川 留美
つるかわ るみ

北山研究室

「建築からはみ出したい（卒制の裏テーマ）」
「道／宇多田ヒカル（卒制ソング）」
「自分が設計したはずが、本模型の作り方がわからず、
後輩にぶん投げた（反省したいこと）」

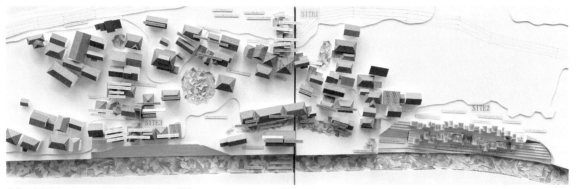

敷地は東京都町田市、小田急線の鶴川駅の南口。線路と川に囲まれたいびつな形をした部分。ここに敷地の魅力を引き出すためになんとなくのルールをばらまく。

SITE1 ラビリンス

住戸どうしが重なり合うような位置に、生活に欠かせない機能を配置する。
各住戸は原則として専有の玄関と隣り合う住戸と共用のトイレをもつ。
迷路のように入り組み、住民たちにしかわからない複雑な間取りが
無理やりにも住民どうしの関係性をつくりだそうとさせる集合形式である。

1.秘密の抜け道をつくる
2.電車の音のせいにしてうるさく生活できる
3.興味のある分だけ窓をつくる
4.階が上がるごとにどんどん仲良くなる建物
5.ひとりだけ全然違う間取りをつくる
6.だれでも昼寝していい場所を解放する
7.1日のほとんどを屋根の上で過ごしてもいい
8.わざとハプニングが起こるようにする
9.お気に入りを使うときはなにかしらで悪魔化す
10.一緒に住んでいる証みたいなものを見せつける

1F 平面図

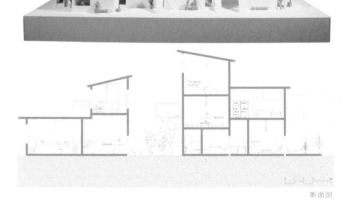

断面図

審査員コメント

風景にニックネームを付け、そこからルールを見出していきます
が、通常はルールを見つけるとき、具体的なものを抽象化してし
まいがちです。しかし、抽象化せずに具体的なままルールのような
ものをつくろうとしている。乾久美子さんの「小さな風景からの

なんとなくのルールとは、主観的に魅力を感じるいくつかのまちで発見できる、既存の概念を超えた、自由へと導くきっかけとなるアイディアである。だれもが「あたりまえ」と思い込んでしまっている制度化された日常生活を、いくつものなんとなくのルールを建築や都市に重ねていくことで、もっと創造的な経験に変えることはできないか。なんとなくのルールを発見すること自体、主観性に委ねられる行為であるが、言葉として存在することで、その解釈もそれぞれの主観性に委ねられ、多様な可能性を持っている。敷地は小田急線の鶴川駅の南口、線路と川とで囲まれた部分である。特徴的でいびつな形をしていることから開発に取り残された部分である。郊外へと開発が進み住宅街が増えていくことで、整備された都市こそ美しいという感覚を私たちに植え付けてしまったように思う。むしろこの敷地のように取り残された部分は「情けない空間」として認識されてしまっているのではないだろうか。敷地を作者なりに解釈し、それをサポートする形でなんとなくのルールを重ねていくことで、マイナスに捉えられがちな「情けない空間」を魅力的だと気づかせるための新たな建築を提案する。

SITE2 つながってみると

6家族の住宅どうしの曖昧なすきまをなくし、つなげてみる。
これまで核家族単位で区切られていた住宅という枠組みに新たな集合形式の区切りを考える。
つながってみると、住宅の境目部分にはいくつもの部屋の組み合わせのパターンが考えられ、
それらの組み合わせと住み手の性格や個性によって、住宅どうしの関係にさらに多様性が生まれる。

1. 正面からも裏側からもどちらからも入りたい
2. いつのものかわからなくても大切にする
3. 日常のさらに奥に外国をつくる
4. だれでも主役になれる舞台を用意する
5. 異なる高さにすることで特別感を味わう
6. ふたりだけの秘密の世界をつくる
7. 一緒に住んでいることを意識させる
8. 危ないけどワクワクする家をつくる
9. 関わりが薄くても隣の家と繋がっていい
10. もともとあるものに敬意を払って存在する
11. 木を囲んで植木鉢を置き庭を広げていく
12. ありふれたものを撒き散らす
13. デッドスペースに対しての意識を高める
14. ずっとまっすぐじゃなくていい
15. いろんな方向に散らばっている
16. 残しておくだけで意味があるものがある

誘い込まれる　　くぐり抜ける　　導かれる　　すり抜ける

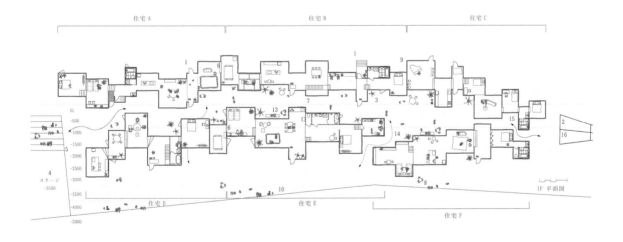

住宅A　　住宅B　　住宅C
住宅D　　住宅E　　住宅F
1F 平面図

学び」と少し似ている印象がありますが、乾さんの場合はカテゴリー化をしていたのに対し、鶴川さんはカテゴリー化さえもしない、徹底的に抽象化をしない。リサーチした具体的なものを具体的なまま建築に落とし込んでいくという設計のやり方をしています。つくり方の手順は良いと思いましたが、それがどのような効果を生むのかという、最もクリエイティブな部分にも言及してほしかったです。（**中川エリカ**）

パティオスのしつらえ

プログラム 集合住宅
計画敷地 千葉県美浜区打瀬

田中 美海
たなか みなみ

赤松研究室

「泣かない。(卒制の裏テーマ)」
「underdog／アリシア・キーズ(卒制ソング)」
「提出I週間前にニンニク食べ過ぎてお腹を壊して病院いった(卒制中の事件)」

■ しつらえのダイアグラム

既存建物に対し
ロの字の内側と外側に「更新の余白」を与えるような操作を加える

抜く

セットバック

付け加える

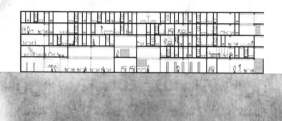

審査員コメント

典型的な中庭型集合住宅の改修計画。建築計画批評である点が面白いです。近代につくられた、中庭がポイントとなっている集合住宅ですが、日本人の集団生活の文化に合っていないし、今の時代では合理的ではありません。それを合理的なものに変

設計趣旨

日本における集合住宅地開発の成功事例と言われる「幕張ベイタウン」は、果たして本当に成功事例なのか。沿道中庭型集合住宅「パティオス」によってまちがつくられた。中庭を囲うように住棟がロの字に配置され、低層部に商業施設を持つパティオスは本来、ひらけた中庭を人々が行き来し、まちの中にルートの選択の多様性があることや、沿道に面した商業施設の賑わいの醸成が目指された。しかし現状は、完全に閉鎖された中庭やまちに対する貢献度の高いテナントの撤退など、「中庭の形骸化」という大きな問題によりまち全体に人々のアクティビティが感じられない。そもそも住み手が本来の目的を知らない、という気づきから「建築の姿勢で示す＝しつらえる」提案をする。既存の躯体をもとに、パティオスの内側と外側のロの字に更新の余白をしつらえる。規格化されていない住戸プランにより、各家族の暮らしに個性が生まれやすくなること、また住み手による更新がファサードに現れることでまち全体に対してアクティビティが可視化される。開発から20年以上経った今、パティオスの本来あるべき姿の実現により、末永くまちの価値を維持／向上できるのではないか。

既存の閉鎖的なテナントを解放的にするために、沿道から中庭へとつなぐ小道をつくる。面積の狭くなったテナントは、自然と沿道へ商いが溢れ出す。

地域に対する貢献度があまり高くない銀行や学習塾を2階以上に再配置し、「更新の余白」によって住戸とグラデーショナルに繋げる。

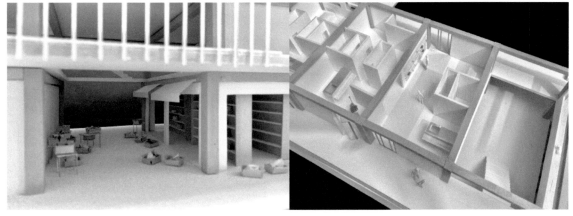

えるにはどうするか、という計画でありその立ち位置が良いと思いました。中庭を設計して何か目的地・場所とするのではなく、交差点のような通過点にして、まずは人を向かわせる。そこを人々が通りパティオスをふと見上げると、アクティビティがあふれていて新たな経験が得られるような建築を、既存の減築によって実現させています。中庭をいじらず、中庭に面する住居部分に少しずつ手を加えるという手法にも共感しました。(**中川エリカ**)

奥沢二丁目計画

第5世代住宅

プログラム **住宅**

計画敷地 **東京都世田谷区奥沢二丁目**

中谷　司

なかたに　つかさ

北山研究室

「**構造主義**（卒制の裏テーマ）」
「**誰もが**（卒制ソング）」
「**レーザーカッター**（使ってよかった機械）」

1/200 街区全体模型写真

住宅のかたち

現況

設備が一通りある

プライバシーを守るための最後の砦

1.閉じた箱として成立している

2.所有の表示が住宅を分断する

住宅街
＝孤独の大衆社会

3.1と2により住宅が集まってはいるが、関わりは無い

第5世代住宅

家庭生活 → 拡大され、拡張される

私生活の主観的状態

共同キッチンやコワーキングスペース、大浴場などの空間を用意する。

街

建物

街区 → 中間単位

奥沢の風景　East side of selected block

この赤い部分が心理的な切断を行うための「街区」への入り口となる

審査員コメント

住人それぞれがプライバシーを固辞し、閉じられた住宅が建ち並ぶまちに投影された問題は理解できます。この現状に対しまちを丸ごとつくり替えるのではなく、第5世代住宅を挿入することで、ポジティブに更新していくチャレンジは素晴らしい野心で

設計趣旨

敷地が細分化され、所有の表示が周りを囲み孤立する建築。そのことはそこに住む住民たちにも影響してくる。また、今までそこにあったまち並みすら壊しかねない。近年、住宅は設備が一通り整いプライバシーを守るための最後の砦としての閉じた箱がつくられる。また、住宅は所有の表示によって分断されている。そこで、分断されていく住宅を共同化する第5世代住宅を考える。街区を「建物」や「まち」の間に中間単位としてもうけ、心理的な切断を家の構えによって行うことで成立させる。ここで暮らしここで遊びここで学ぶことができるのではないか。こ

れからの住宅は、暮らしとは何か？　身の周りに設備や道具をただ集めるだけが住宅ではないのではないか？　ということを、暮らしている人が考える場所にしていきたい。

配置計画

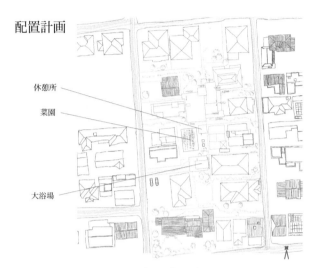

休憩所
菜園
大浴場

間引いてできたオープンスペースには
街区内に住む住民が利用する場所ができる。

ギャラリーとして街に開かれたりする

街区の内部に道が張り巡らされ、
街区全体が共同する新しい関係性を生み出す

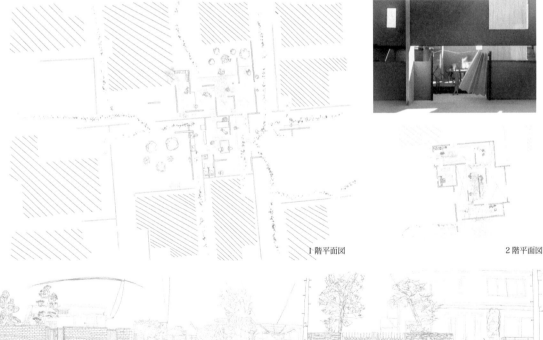

1階平面図　　　　　　　　　2階平面図

あると思いました。ただ、ここでの第5世代住宅が持つ最初の役割は、何らかの機能ではなくて、閉塞した状況を打ち破る環境づくりではないか。すなわち、共同で使うことを前提として設計するのではなく、共同で使いたくなるような環境を設計することではないでしょうか。周囲の既存住宅にもアイデアが必要になるはずです。魅力的な共同スペースを設計し、例え卒業設計であっても、一目見ただけで、使いたくなるような計画をしていれば、説得力を持つと思います。（**高橋一平**）

所有のあいだに

プログラム 住宅、共用コア
計画敷地 長野県小諸市 平原集落

佐藤 弥優
さとう みゆ

北山研究室

「建築の終わり方（卒制の裏テーマ）」
「ジターバグ／ELLEGARDEN（卒制ソング）」
「無印のキーマカレー（卒制中食べたご飯）」

■ 既存住居の再解釈

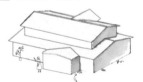

phase1. 分断
［家族］の単位で住む家。
住民や、管理する人間が少なくなると
家に不要な部分が出てくる。

phase3.非所有
屋根と床も解体し、土足で入れる半外部に
通りすがりの人も立ち寄れる、
誰のものでもない非所有の空間が増える

phase2.解体
使わなくなった部屋の壁を解体する。
視線から外部に開かれ、
周辺住民もアクセス可能なpublicに

phase4.風化
完全に住民が居なくなった建物は
自然に飲み込まれ
風景の一部として存在する。

審 査 員 コ メ ン ト

模型表現や、個人と道との間の緩やかな中間的スペースがたくさんできた空間は魅力的です。50年くらいかけて廃墟化が進んでいくストーリーを構築する際、虫食い状態が徐々に、豊かに進んでいくタイムスケジュールがより立体的に見えたらよかった

地方に住む人が自由に暮らすために建築は何が出来るのか。都会と比べ生活上の価値観が狭く、若い人口が減りつつある集落で、人々の領域所有の認識から、自然と建築と人間の共存を考える。敷地は長野県小諸市の平原集落、かつてここは元々街道沿いに周囲の散村が集められてできた宿場町だった。街道に交通量が増えてからは、街道沿いは塀で塞がれ、直行する横道に住民の生活交流の場が移った。緑豊かで入り組んだ横道は、人々の私的領域を繋げる誰のものでもない空間として機能していたが、近年管理する人のいなくなった緑の増殖、住民の減少によ

り家と家が分断され、横道が役割を失いつつある。そこで新たな横道の役割を果たす共用コア、分断された家を再構築するための住宅群を設計した。敷地のアイデンティティである塀や緑のある風景をそのままに、既存住宅から減築していくことで街区内に新たな横道を通す。塀のある街道側からも視線が通ると、ただ通り過ぎるだけだった道の向こう側に誰のものでもない非所有空間があることが人々に認知される。集落全体が1つの家のように暮らし、私と誰かの場所を繋ぐ空間が可視化されることが交流を誘発し選択肢を増やしていく。

共用コア　周辺住宅に住む10人前後でキッチン・風呂・ランドリーなど生活インフラを共有する。既存住宅の一階部分を減築し、壁はなく柱や床でゾーニングされている。二階部分は集落に滞在する若者向けに、2~3人が暮らせるシェアハウス。

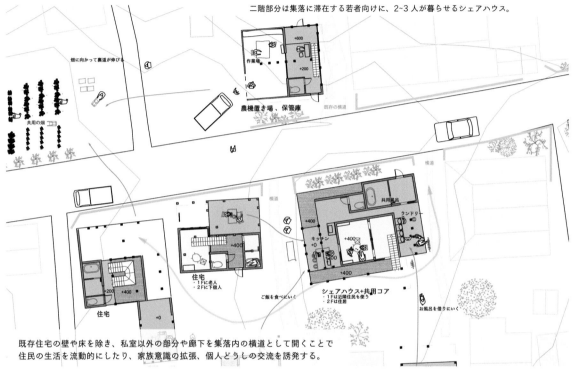

既存住宅の壁や床を除き、私室以外の部分や廊下を集落内の横道として開くことで住民の生活を流動的にしたり、家族意識の拡張、個人どうしの交流を誘発する。

周辺住民が共用で使える台所

お風呂と台所から土間で繋がったランドリースペースがある

と思います。ただ、オーナーが自分の所有物を切り売りしながら公共に差し出していくストーリーですが、社会で実践できるかと言えば、敷地の内側のものを人に差し出すことなので難しいでしょう。これらの方法論を、制度的にも踏み込んで提案できると

なおよかったです。全体としては魅力的な提案でした。(藤野高志)

INTER -vague- SPACE

プログラム 都市の中の居場所
計画敷地 東京都文京区本郷菊坂

木伏 菜々
きぶし なな

北山研究室

「1日1個美味しいデザートを食べる（卒制の裏テーマ）」
「晴ときどき曇（卒制ソング）」
「模型のスケールを3回間違えたこと（卒制中の事件）」

電車や車での移動、そしてスマートフォンのようなどこでも誰とでも繋がることのできる媒体の登場によって私たちの生活は、点Aから地点Bまでの間で様々な活動を行うことができるようになった。移動しながらのミーティングや待ち時間での作業等、固定された場所ではなくその間での活動、つまり「中間空間」での活動が活発に行われるようになっている。しかし、ある人にとって中間空間はある人にとっての地元である。「中間空間」という曖昧な場所で、様々な属性の人々が混じり合い、新たな繋がりを生出すことができる。

隙間の魅力

隙間には豊かなキャラクターが存在し、そこには新たな居場所のきっかけが隠れている。

上道延長型　隙間にあるもの 蛇口・下段の入り口・勝手口・木の板
差型　隙間にあるもの ベランダ・室外機
坂道型　隙間にあるもの なし
階段型　隙間にあるもの 室外機・メーター・ドア
二段型　隙間にあるもの 植木鉢・室外機・自転車置場・消火器
途中階段型　隙間にあるもの 木・ゴミ捨て場

隙間エレメント

隙間には様々なエレメントがひっそりと存在し、隙間の性格を形作る要素となる。

ベランダへと続く階段

風呂

小さな広場

INTER-SPACE（中間空間）という曖昧な場所でネット上だけでない新たな人の集まりを提案する。東京都文京区本郷菊坂、レベル差が2600mm程ある上道と下道に挟まれた細長い街区を対象とする。モビリティーズパラダイムにより都市居住者のアソシエーション以外との関係は希薄となった。そんな東京にあるNPO法人 街ing本郷は、「書生」という大学生が部屋に安く暮らし、イベント開催でまちを色付けている。本提案では、対象街区に「書生」の部屋とお風呂を挿入し、空き家や使われていない駐車場・ベランダなどに活動の拠点をばらまき、その拠点を隙間によって結ぶ。隙間には、椅子や台を設けるなど小さな操作を施して人の居場所を連続させ、あみだくじのようなラダー構造が街区一面に広がる。人々は都市に居場所を獲得できるようになり、アソシエーション以外の新たな集団に参加可能となる。つまり、INTER-SPACE・隙間という曖昧な場所で活動が起こることで、現代都市でも新たな人の集まりを生むことができ、Face to Faceの繋がりへと発展し、都市は人のための都市で居続けられると言える。

人々の集まり方はコミュニティ型、アソシエーション型へ、そしてネットであらかじめ調べてから行動する「あらかじめネットワーク型」へと変化しており、菊坂にいる人々はを閻坂の住人（黄色）、菊坂に安く暮らす「書生」（赤色）、菊坂を調べてから訪れた都市居住者（青色）と3種類に分類することができる。

「書生」が室外機置きの台の板を取り替えた肘掛けで友達と一服。そこへ地元の子供たちがボール遊びをしながら通りがかる。彼らは互いの顔を認識する。

空き家が取り壊され生まれたヴォイドによって生まれた小さな公園で地元の子供がボール遊びをする。その様子を通りがかりの都市居住者が見つける。

ある時は、菊坂を通りかかった都市居住者が隙間にある階段に腰掛けPC作業。ある時は、「書生」の話し合いの場所になる。

1F PLAN 1/500

出すなど、まちにもともとあったアクティビティを拾い上げ、その解像度の高さを設計に結び付けようという姿勢が素晴らしい。ただ、少しもったいなかったのは、菊坂独特の地形の結び方や、使われていない細かいネットワークのかけらを置き去りにして新築をつくっているような印象があったことです。かけらを結びつけていくような提案ができれば、もっと伸びる作品だと思います。（中川エリカ）

線がつなぐ、虚構と日常。

都橋商店街ビルを中心とした劇場化計画

プログラム 劇場施設
計画敷地 神奈川県横浜市中区野毛地区

西牧 菜々子
にしまき ななこ

下吹越研究室

「エレベーターに入るサイズにしたい（卒制の裏テーマ）」
「My Best Of My Life（卒制ソング）」
「家だと愛猫が川を壊しに来る（笑）（卒制中の事件）」

敷地

都橋商店街ビル
軽量鉄骨造2階建て。
1964年の東京オリンピックを契機として野毛周辺などの路上で営業していた露店等を収容するため、
同年に建設された共同店舗。
2016年12月に横浜市登録歴史的建造物に登録された。
60以上の店舗が営業している。店舗のほとんどは飲食店。

1階3店舗、2階3店舗の
計6店舗をリノベーションする

歴史的建造物への登録と現状の活況に配慮し、
この建物のリノベーションは最低限度に抑え周辺に劇場を作ることにより街全体を劇場化する。

断面図 1/1200

審査員コメント

とても猥雑なエリアに、劇場、演劇の文化を持りこむ点は感覚的に理解できます。都橋商店街ビルを巨大なトラスの構造が突き抜けるなど、脱構築主義時代のパワーのようなものも感じて、まちが本来持っているパワーと拮抗できると感じました。し

設計趣旨

近年、建物としての劇場ではなく都市そのものを劇場として捉えた舞台芸術が盛んになってきている。しかし、外部空間で成立する作品は限られているように感じる。そこで、多様なジャンルの演劇やダンスに適用する舞台空間の在り方を模索する。敷地は、21世紀に入りアートを通したまちづくりに力を入れている横浜。その横浜において歴史的建造物としても登録されている、都橋商店街ビルのリノベーションを提案する。

また、この建物は水陸交通の結節点に位置しているにも関わらず、川は不定期にシーバスが通る程度しか利用されておらず、道は大岡川と鉄道用跡地によって分断されているように感じる。この建物に対して直交方向に舞台装置の一部ともなる橋をかけることにより、分断されている土地をつなぐ計画をする。

都市と劇場の関係性において「道」が大切と考えた。「道」を中心に劇場を空間化するように「道」の延長線上を利用し、劇場空間となり得る仕掛けを設計することによって、都市と劇場の新たな関係性を提案する。

壁が閉じている時

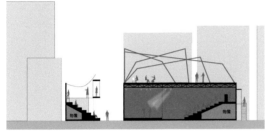

壁が上がっている時

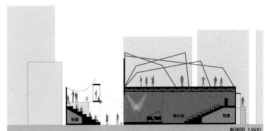

断面図 1/600

①劇場
（舞台奥の壁が上がると道を挟んで劇場化する）
②階段広場
（向かいの劇場が野外劇場化した時に客席になる）
　チケットカウンター
③劇場
④稽古場兼舞台美術製作所

分断された土地を繋ぐ

水陸交通の結節点

道・階段・橋などどこからでも自由に舞台を観ることができる。
道など箱ではない開かれた空間で行うには難しいが、外に開くことで
都市との関係性を築く可能性のある作品を対象としている。

Ⅰ.階段広場兼客席

向かいの劇場の壁が上へ開いた時には、ここが野外劇場の客席へと変化する。
劇場の壁が閉じている時には階段広場として使われ、飲食などを自由にすることができる。

Ⅱ.チケットカウンターと
都橋商店街ビルリノベーション部分

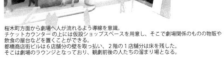

桜木町方面から劇場へ人が流れるよう導線を意識。
チケットカウンターの上には仮設ショップスペースを用意し、そこで劇場関係のものの物販や
飲食の屋台などを置くことができる。
都橋商店街ビルは6店舗分の壁を取っ払い、2階の1店舗分は床を残した。
そこは劇場のラウンジとなっており、観劇前後の人たちの溜まり場となる。

Ⅲ.対岸からの眺め

ここは横浜方面へと帰る人たちの船着場となる。
観劇後、余韻に浸りながら舟で帰ることができる。

Ⅳ.公園

人道橋の終着点となる。
この階段を降りて、船着場に向かう。
この公園でもテントなどを張ってパフォーマンスが行われることで、
演劇空間が都市へ広がって行くことを目指す。

かし一方で、本人の問題意識である、外部空間で演劇作品が成立しない原因は何なのか、この提案が応えようとしている点は何なのか、明確に指摘してしまった方がより伝わるように思います。また、ここで行われる演劇が、日本らしさ、横浜らしさを携え、横浜のまち並みと共に何かを表現できるのかどうか、興味があります。例えばイタリアの石造りの都市建築ではその風景は想像しやすく、日本でも寅さんシリーズなどは下町と演劇が一体化しています。(高橋一平)

建築を待ちながら

プログラム アドホックな共同体のためのインフラ

計画敷地 渋谷区神泉

中田 宗一郎
なかた そういちろう

北山研究室

「ゴドーを待ちながら(卒制の裏テーマ)」
「(I Can't Get No) Satisfaction／Rolling Stones(卒制ソング)」
「提出前日に自宅に模型を運んだら
玄関を通らず絶望したこと(卒制中の事件)」

WALL

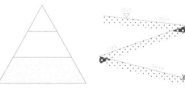

Infra-
Structure ⟶ Pre-
Structure

審査員コメント

渋谷に、建築と建築未満のコンクリートの架構をつくることで、そこにセルフビルドが起こっていく。それは手の動きと材料、部材の即物的な反応の連鎖によって起こり、建築は計画成立された建築を超えていく、という提案でした。その試みには非常に共

盛り場としてのエネルギーを消失した都市は、身体がいかに不自由で圧迫されているかが克明になる。 そんな不自由な都市を乗り越える設計を考える。必要なのは、批評的に都市を乗り越えることではなく、自身の都市の認識を変えることだ。そこにはきっと不条理な空間が必要になる。「不条理劇」が構造自体に不条理性を内包するように、この建築も自由と不自由が混在する「不条理な空間」を試みている。操作できないものとしてRC造、自由ものとして木造とすることで構法的読み替えのもとに形態とする。またRCがアドホックな木造と関係を結ぶように、

不完全で放っておけないような形態にした。敷地は神泉駅前。この敷地は井の頭線が真下に通り、かつ用途地域のラインが交錯する場所である。ここに水道を任意に引きインフラに重ね合わせることで、建築という単位は曖昧になり複雑な集合体となる。設計は、建築が他者に開かれることを積極的に信じ、他者に木造部分の設計を委ねた。この構築物は不完全なまま建築されることを待ち望んでいる。それは今までの下位的で私たちの行動の基盤にあるものではなく、時間的な建築的行動が起きるものとなる。

Adhoc
Srictur

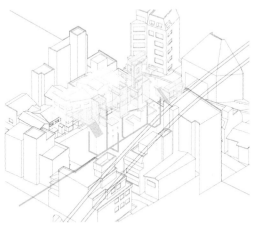

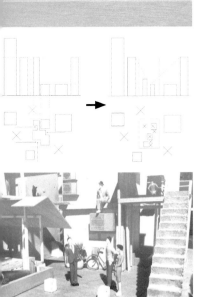

隣家をつなぐ

価値の反転

テーブルのような、建築のような

不完全な高さ

階段の先回り

建築のプロット、こしかけるところ

のりこえるべき

オブジェクト

インターフェース

反転可能な境界

作りたくなるとっかかり

抽象した都市

何かはじまりそうな枠

感するのですが、地価の高いところで本当にそういうことが起こるのかどうか。もし渋谷でやるのであればそのインフォーマルな手の動きが成立するような場所を探していくべきです。例えば、誰もアクセスできないロータリーの中心といったところにイン

フォーマルなセルフビルドが無限に増殖して、都市を脅かすものになったとしたら非常に面白いと思いました。(門脇耕三)

所有する公共

プログラム	複合交流施設
計画敷地	千葉県松戸市

青沼 宗佑
あおぬま しゅうすけ

赤松研究室

「密集したまちに換気口をつくることができるか（卒制の裏テーマ）」
「ハイスコアガール（卒制ソング）」
「コーヒーを淹れること（卒制中の息抜き）」

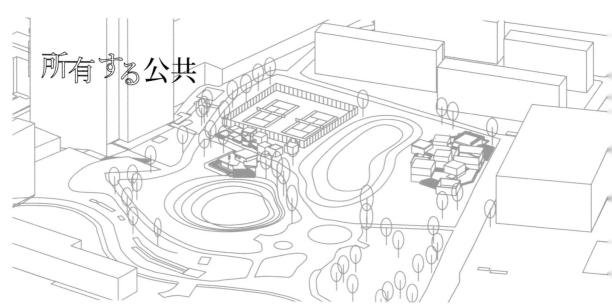

公園の運営

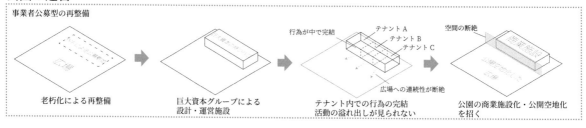

事業者公募型の再整備

老朽化による再整備 → 巨大資本グループによる設計・運営施設 → テナント内での行為の完結 活動の溢れ出しが見られない → 公園の商業施設化・公開空地化を招く

行為が中で完結 テナントA テナントB テナントC

空間の断絶

広場への連続性が断絶

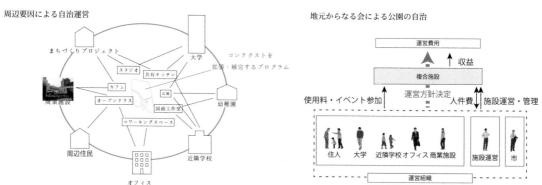

周辺要因による自治運営

まちづくりプロジェクト
大学
コンテクストを拡張・補完するプログラム
スタジオ
共有キッチン
カフェ
広場
オープンテラス
図画工作室
幼稚園
コワーキングスペース
商業施設
周辺住民
オフィス
近隣学校

地元からなる会による公園の自治

運営費用
収益
複合施設
運営方針決定
使用料・イベント参加
人件費
施設運営・管理

住人 大学 近隣学校 オフィス 商業施設 施設運営 市
運営組織

周辺のコンテクストを補完拡張するプログラムを公園空間に取り込む事で公園での活動が日常化し公園に居場所として認識される。

審査員コメント

所有意識における自分と他人の断絶に対して、それぞれの輪郭を広げたり曖昧にしたりするため、すり鉢状の広場と丘のような建築を提案していました。所有ということを考えるのであれば、運営への意識をもっと高めるべきだと思いました。例えば、運営

設計趣旨

人々の「所有」意識の高まりは、土地の細分化・境界の明確化を進めた。一方で「他の所有」への関心の希薄化を招いた。「他の所有」である公共空間は人々の関心から薄れ、そこを人々は通り過ぎるだけになってしまうのだろうか。現在、公園の老朽化に伴う再整備が行われているが、民間事業者による維持管理にシフトしている。しかし新たに公募され整備された公園は民間力の活用と云いつつ、資本参入による、テナントが並ぶ商業施設と化し、広場は公開空地のようである。公園のもっていた都市における換気口のような場所性は失われつつある。敷地は千葉県松戸市。松戸駅からすぐの松戸中央公園。雑居ビルなどが密集する駅周辺のすぐ裏にあり、周辺は大学、小学校、商業施設、タワーマンション、オフィスが取り囲む。現在この場所は道に対し立体駐輪場、育ちすぎた草木が空間を分断し、ただの通過点となっている。ここに公園を取り巻く地元の人々の意思決定で自治的運営を行う仕組みを補完する複合施設を提案することで、今まで「他の所有」であった公園が「市民で所有しうる」ものと変化し、より自分事として公園と関わり合いを持ち、新たな居場所になるのではないだろうか。

ラフスケッチ
この公園が台地上の起伏ある土地性というものを建築に持ち込み、現状のフラットな広場を緩やかなすり鉢状に彫り込み、それを緩やかに繋げる丘のような場所を作る事で道を通る人々の滞留空間となることを目指した。

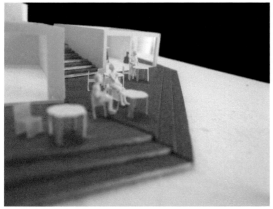

通過の多い道に滞留する空間を沿わせ新たな滞留を導く

ゴザを借りてすり鉢状の広場でくつろぐ

に携わる人たちがどのような関係・距離感であるのか、公園とはそもそもどのようなものなのかということです。カタチの問題だけでなく、所有の境界線がどのように引かれ、またぐのか。その点についてもっと説明がほしかったのですが、全体としては伸びやかな空間ができていました。(藤野高志)

宿存的革新
成長する建築

プログラム	こどもコミュニティセンター
計画敷地	宮崎県都城市

今井 将弥
いまい まさや

赤松研究室

「やりたいことを信じる（卒制の裏テーマ）」
「ALL Eyez on Me／2PAC（卒制ソング）」
「手伝ってくれた後輩たち（感謝を伝えたい人）」

■空間構成ダイアグラム

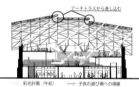

床レベルが中央青部場所に合わせて落ちていることで、上部の人は子供の遊びを見守りながら過ごすことができる。逆に、中央で遊ぶ子供たちからはあまり視線を感じることのない高さレベルになっている。

内部空間の文節は床のスラブの高さと、屋根の面を1mずらすことで生まれる隙間、そこから見える視覚操作と彩光操作によって行う。

Growth ＝ Removal ＋ Persistence → Accumulation ＋ Rebuild

Removal ＋ Persistence

Accumulation ＋ Rebuild

■SECTION

審査員コメント

非常に迫力ある提案だと思いましたが、どこにフォーカスしているのか若干わかりづらかったです。新築のようにガラスを張って新しい魅力を宿すのであれば、より活発な資金調達ができるラグジュアリーなプログラムを導入して、集客力を持たせるべき。

時代変化とともに人々の暮らしは新たな段階へと進み続けている。現代の求める機能に合わせ、より新しいものへと入れ替わり続ける建築、変わっていくまち並み。築きあげたまちと人々の関係性が次第に見えづらくなり、どこで、どんなふうに過ごすのか、そんなまちのアイデンティティが失われていき、私たちの心の居場所も消えていくのかもしれない。2019年「都城市民会館」が解体された。まちの記憶とも言える場所。劇場であり、成人式や結婚式なども行われたまちのイベントの拠点だった場所が跡形もなく消えてしまった。新陣代謝をするはずであった

メタボリズムの名建築も、日本の保存か解体という二者択一のせめぎ合いの後、面影を残すことなく消えていった。

これはまちを語る建築。未来への希望、人々の暮らし、そして過去とのつながり。まちを知る建築の未来を考えることが、まちの未来を考える第一歩なのではないだろうか。時代変化とともに不要になってしまう部分。まちを語る記憶の部分。未来を創る新たな部分。脱落と持続、蓄積と再構築によって成長していく建築。これは保存ではない。リノベーションであり「宿存」という新たな建築の再生である。

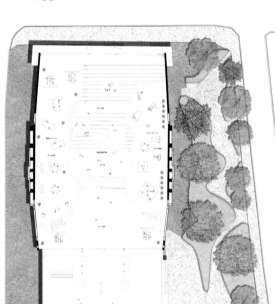

■増築部分　■減築部分　■既存部分　**2F PLAN** N

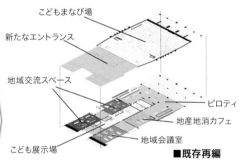

■都城市とこども

薩摩藩が宮崎を領有していた時代、多くの武家屋敷が立ち並び当時の面影が今もなお残るこのまちは現在、生活や居場所の向上を求め、若い家族が郊外に流出し続けている。2018年から使われるショッピングモールをリノベーションした図書館が徐々にまちの魅力を取り戻しつつあるが、新たにこどもの居場所を提案する。旧市民会館というまちの記憶で育ち、武士のまちというアイデンティティへの愛着へと広がっていくことを狙う。

こどもまなび場
新たなエントランス
地域交流スペース
ピロティ
地産地消カフェ
地域会議室
こども展示場

■既存再編

■夜ピロティ側から眺める　　■こどもの学びの場となった2階ホールを眺める

一方で、子どもたちの空間にするのであれば、既存屋根を引きはがすだけの改修に止めて、より自由な空間、真に市民のための自由な空間をつくるべきでした。どちらかにフォーカスするのではなく、両方の要素を取り込もうとしてしまったことが少し残念に思います。（門脇耕三）

ストリートパフォーマーの ための自己表現空間
-Act, Sing, Express-

岡部 陸人
おかべ りくと

渡邉研究室

プログラム 屋外型劇場施設
計画敷地 東京都台東区上野

「自分のつくりたいものをつくることを忘れない(卒制の裏テーマ)」
「漂流教室／銀杏boys(卒制ソング)」
「知識の積み重ねではなく、その先の発想の合理的なアイデアが
評価につながっている(卒制・講評を通して得たもの)」

　街中を舞台として自らを表現しているストリートパフォーマー。彼らパフォーマーと観客の出会いはどのような形であるべきかという点に答えを探した。そこに何か楽しい、新しいものがあるかもしれない、という好奇心を起こさせるような印象を与えつつ、ストリートパフォーマンス固有の偶発性という概念を残した設計を目指した。

敷地周辺 S=1/5000

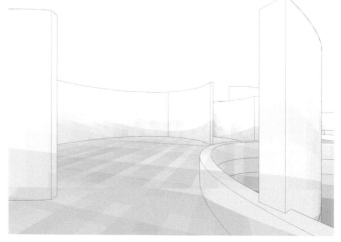

　今作品の計画地である東京都台東区の上野恩賜公園は、国立科学博物館、国立西洋美術館、上野動物園など、日本を代表する数多くの文化施設が存在し、休日だけでなく、平日も大変な賑わいを見せる。公式に許可を得たストリートパフォーマーはほぼ毎日この公園をパフォーマンス場所として活用している。

　各パフォーマンス空間はそれぞれお互いのパフォーマンスから死角となり自分と観客だけの表現空間となるように設計した。また、外壁は周囲のビルなどが目に入らず、背景には空のみが見える高さに設計した。

審査員コメント

円形空間を大中小と組み合わせ、公園のような建築をつくる設計で、実際に建ったら面白そうだと関心をもちました。一方で、計画が平面的な部分に留まっており、建築設計であるにも拘らず屋根の概念がないこと、図面表現が少なく、設計者の理想だ

都市を「自己表現」という形で彩ってくれる存在であるストリートパフォーマーたち。近年では法律や条例などによる規制でその役割を担う場が減ってきてしまっている。そんな中で、ストリートパフォーマーたちが、「パフォーマンスをするだけのための場所」があってもいいのでは無いか。こうした考えから構想を練り、現在のストリートパフォーマーたちはどのようなパフォーマンス空間を求めているのかというリサーチを行なった。そこに見えてきたのは、パフォーマーそれぞれに固有の理想空間というものを持ち、それは三次元的に多様に存在するという事で

ある。人々に距離を持ちつつ囲まれることができるような広い空間、目の前に多くの人々が集まれるような幅のある空間、それに対してこじんまりとした狭小空間で人との繋がりをより親密に持ちたいというものもあった。それらを一つの建築の中に収めることを目標に設計に至った。

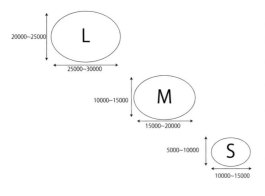

20000~25000
L
25000~30000

10000~15000
M
15000~20000

5000~10000
S
10000~15000

①ストリートパフォーマンスを行うための空間の大きさのパターンをS,M,L,と区別する。
・Lサイズ：多くの観客を集める事ができ、劇、広い場所を要する大掛かりなパフォーマンス、多人数での演奏など、多岐にわたるパフォーマンスが可能。
・Mサイズ：道具を使った大道芸やバンドによる演奏など、ある程度の広さを要するパフォーマンスを行う事ができる。Lサイズよりもパフォーマーとの距離が近く、比較的親近感を得る事ができる。
・Sサイズ：M,Lサイズのボリュームの隙間や動線に生まれる空間。ソロでのギターの弾き語りや、ストリートピアノのような、パフォーマーと観客に1対1の関係が成り立つ、最も親近感を誘発する空間。

②各サイズの空間面を2次元的に配置する。この際に、ストリートのような連続性を持たせるために、空間配置が全体として線形に伸びていくように形成するよう留意した。

③次に、二次元的に配置された空間面を、三次元的に展開しボリュームを各レベルに配置する。この時、ボリュームの面積と天井高の関係が多様に組み合わさるように留意する事で、多岐にわたる印象の空間をうむ。

④これを動線で結び、隙間や動線の幅のスタディを行いSサイズの空間をデザインする。
　最後にパースや立面から全体のバランスを整えながら壁の高さを設定していく。

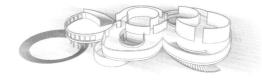

けを模型で表現するに留まっていることが、面白そうなアイデアなだけに非常にもったいない。また、公共施設に対する考え方が多様化していく中で、現在の公共性とは誰のためかという概念に対する批評として建築テーマを位置づけるならば理解で

きますが、プレゼンテーションではそうではないように見え、パフォーマンス愛好家による大掛かりな不法占拠とそれを支えるだけの建築であるように見えます。(高橋一平)

はごろもプロムナード

| プログラム | フラワーショップ×住居、ワークラウンジ×カフェ×集合住宅 |
| 計画敷地 | 東京都西新宿 |

木寺 紫野
きてら しの

渡邊研究室

「笑顔（卒制の裏テーマ）」
「けもの道（卒制ソング）」
「ルーテルの夜（一番記憶に残っている日）」

ささやかな居場所がこの遊歩道
を生きあがらせ、

交流点となる建築が道と街をつ
ないでいく。

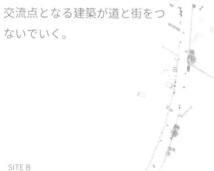

SITE B
ワークスペース × シアターラウンジ
× カフェ × 集合住宅

SITE A

フラワーショップ × 住居

かつてこの地を流れていた川は暗渠化され児童遊園へ、そして遊歩道へと姿を変えた。

住民たちによって並べられた植木や道の草が、1つ1つはささやかなものだが点々と続く
ことでこの遊歩道のムードをつくっている。

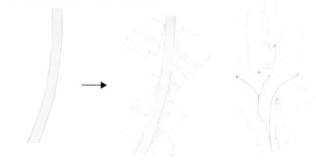

川であった遊歩道が曲がっていることにより、沿道の建物との間には不整形な隙間ができ
ている。
川の流れがこういった隙間にたまるように、この隙間は歩行者が一時的な時間を過ごすた
めの居場所となる可能性がある。

SITE A 長手断面

審査員コメント

かつてあった公園がはぎとられ、名ばかりの緑道となってしまっ
た場所を、住民が生活の場の延長として使えるようなプロム
ナードヘリノベーションする提案。交差点沿いで向かいにへた
地がある敷地2か所を選んでいて、敷地の特徴を生かしていろ

設計趣旨

道の上で繰り広げられる活動は、まちの表情をつくりだす。西新宿5丁目と渋谷本町3丁目の境界にあるこの遊歩道には、和泉川と呼ばれる川が流れていた。暗渠化され児童遊園となった後、現在の遊歩道へと整備された。遊歩道沿いに歩行者にとってのささやかな居場所と、道とまちをつないでいく交流点を設計することで、単なる生活通路ではない生き生きとした遊歩道を提案する。川だった遊歩道が曲がっていることで生まれている沿道の建物との不整形な隙間が、歩行者が一時的な時間を過ごす場所となる可能性がある。植木を置いてみたり、お気に入りの場所を見つけることで、人々は遊歩道と小さく関係を結んでいく。また、道とまちがつながる交差点には、遊歩道からまちの中へそれぞれのプロムナードを見つけていくきっかけとなる交流点を設計する。遊歩道に対して建物を斜めに振ることで遊歩道の風景と内部の活動が同時に見えてくる。ここでは様々な方向からくる人々やその活動が出会い、ぶつかり、交じりあい、そしてまた同じ道の流れあるいは違う道へと流れ出す。斜めに振ったことでできた隙間には、散歩の休憩や談笑を楽しむための居場所ができる。

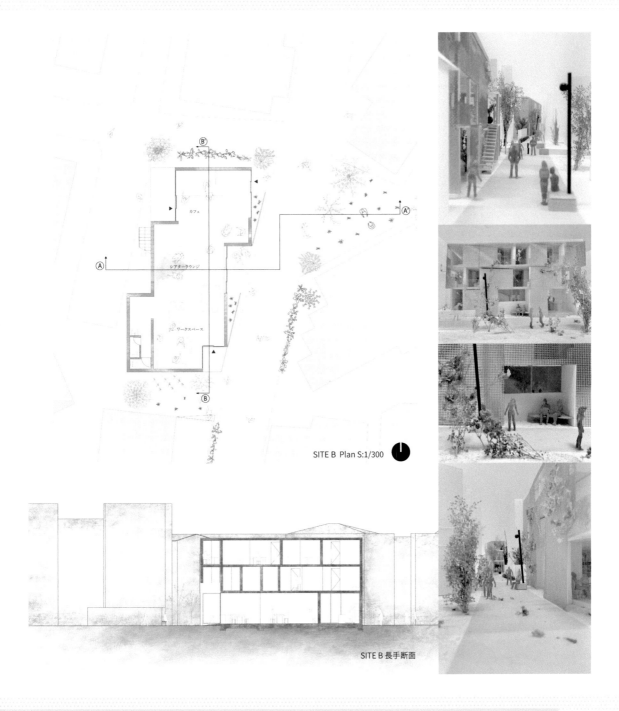

SITE B Plan S:1/300

SITE B 長手断面

いろな方向から建築に人を引き込むようにつくられているのは共感できます。一方で、プロムナードの提案のはずなのに2つの建築の提案かのように見えてしまうところに勿体無さも感じました。プロムナードの全体像をもっと表現してもらいたいです。

（中川エリカ）

よりどころ
近道から寄り道へ

プログラム	集合住宅
計画敷地	神奈川県横須賀市安浦町

鈴木 真優
すずき まゆ

渡邉研究室

「後輩と先輩と仲良くなる（卒制の裏テーマ）」
「Feel Special（卒制ソング）」
「借りた家の家具家電が何も無かった（卒制中の事件）」

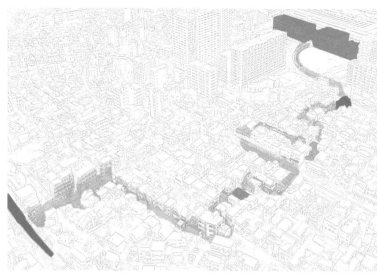

■敷地概要　神奈川県横須賀市安浦町

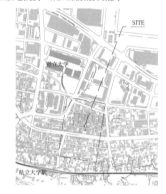

SITE

県立大学

県立大学駅

安浦町：　明治39年（1906）に埋め立てられた。

安浦町は安浦港を中心運送屋や材木屋、
様々な分野の商売が行われ町が栄えて
いった。本敷地は花街と呼ばれ
仕事終わりの商人が立ち寄り、多分野
の人々が交流を交わすコミュニティ形成の
場として盛り上がりをみせた。
現在は高齢化・住宅地化が進んでいる。

平成町：平成4年に埋め立てられた場所であり、
　　　　　県立保健福祉大学が建てられていて
　　　　　毎年新しい学生がこの町に入り込んできている。
　　　　　しかし、学生と町の関わりは少ない。

■対象敷地分析

安浦町に残されている要素の現状

■ アパート	■ 銭湯	
■ ご飯屋さん	■ ヘアサロン	
■ 商店・施設	■ ビル・倉庫	
■ マンション	← 学生通学路	

県立大学駅
（旧安浦駅）

● 大学生の通学路が駅と大学の最短距離を通る道であること

保健福祉大学の学生の多くは、
最短距離の大通りを利用する
この道を「チカミチ」と呼ぶこととする

● 空き家の多いアパートが多数存在する

建て替えられるアパートは町
から守られるように閉鎖的

● 栄えていた時代の街並みが若干数安残っている

現在は近隣の住民にしか利用されておらず、
ひっそりと営業がされている。

■問題提起

旧海岸線（浦賀道）沿いの町では、
目的地と家の往復の中で寄り道がされ、
偶発的な出会いが至る所で起こり、
町のコミュニティの1つとなっていた。

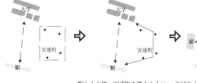

▶ 埋め立て開発により街区の整備や
機能の集約が進んだことにより
寄り道の文化は衰退し、かつての
コミュニティは失われていった。

■寄り道の概念

大学	大学	大学
安浦町	安浦町	目的地
駅	駅	安浦町
		家　駅
集合住宅を点在させる	駅から大学へ安浦町を縫うように	地域住人も寄り道するような機能の配置に
	寄り道のできる道が生まれる	より寄り道したくなる拠り所となっていく

寄り道の文化は、この地域のコミュニティを支えてきた。そこで安浦町に残っているまちの機能を活かし、それらを補完するような機能をもった集合住宅をまちに点在させることで、目的地を分散させ、近道ではなくまちを少し歩きまわるようにしむける。

ある時は気づかなかったまちの機能を発見したり、人から聞いたりした情報から、寄り道の機会を得る。そんな寄り道が日常的に起こるようになれば、その場所は地域の拠り所として利用され始めるのではないか。

そうした『よりどころ』がまち中に生まれるきっかけを生み出すことを目指す。

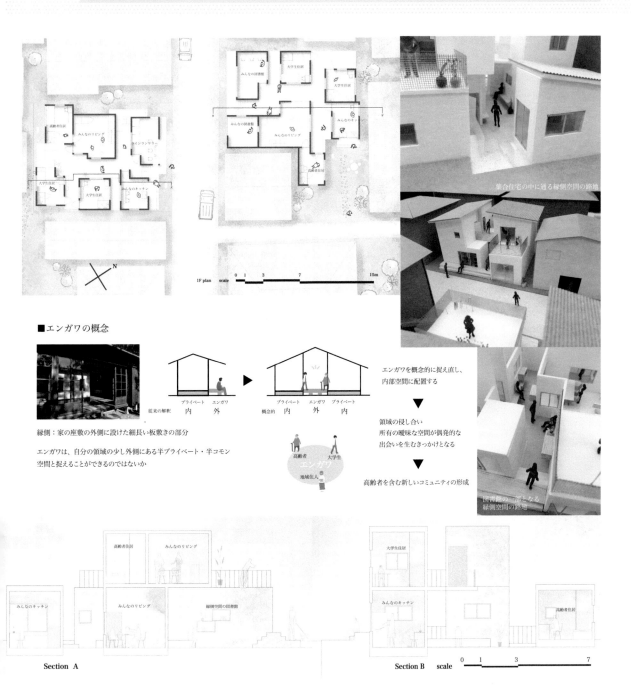

1F plan　scale 0 1 3 7 15m

集合住宅の中に巡る縁側空間の路地

■エンガワの概念

縁側：家の座敷の外側に設けた細長い板敷きの部分

エンガワは、自分の領域の少し外側にある半プライベート・半コモン空間と捉えることができるのではないか

従来の解釈　プライベート　エンガワ
内　外

概念的　内　外　内
プライベート　エンガワ　プライベート

高齢者　大学生
エンガワ
地域住人

エンガワを概念的に捉え直し、内部空間に配置する

↓

領域の侵し合い
所有の曖昧な空間が偶発的な出会いを生むきっかけとなる

↓

高齢者を含む新しいコミュニティの形成

図書館の一部となる
縁側空間の路地

みんなのキッチン　みんなのリビング　縁側空間の図書館
高齢者住居　みんなのリビング

Section A

大学生住居
高齢者住居
みんなのキッチン

Section B　scale 0 1 3 7

けらのような建物がいくつかまちの中にあり、それとサポート関係を結べるような機能を持った集合住宅を立てているプログラムが面白い。敷地だけに留まらずに、まちの中で少しずつ関係を持っていくようなことが無理なく考えられている。もっと他の事例を見せていけば点と点が繋がり、まちの広がりになって良かったと思います。（中川エリカ）

ヴォイドで繋がるネットワーク

福島県郡山市中心市街地再編

プログラム 複合交流施設、集合住宅、宿泊施設
計画敷地 福島県郡山市大町地区

関 駿介
せき しゅんすけ

北山研究室

「忍耐力をつける（卒制の裏テーマ）」
「道／GReeeeN（卒制ソング）」
「DJとして音楽をランダム再生していたら、西野カナの曲が多く
恥ずかしかった（卒制中の事件）」

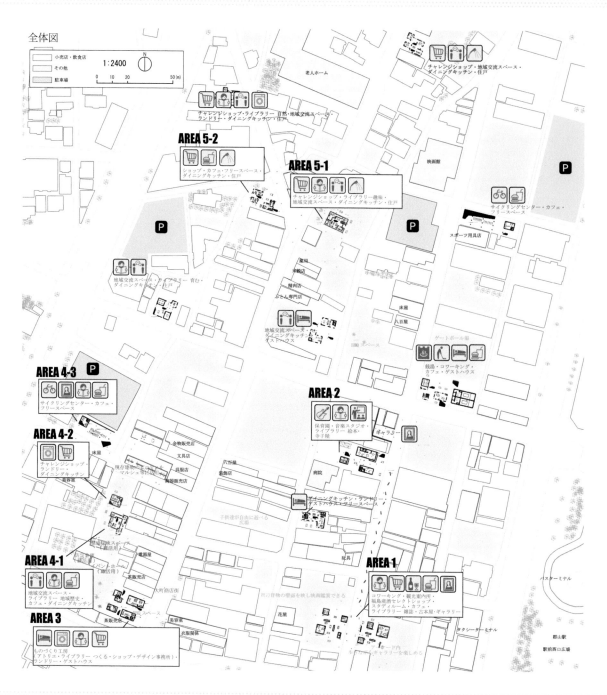

審査員コメント

希望が見えづらい地方都市に目をつけ、非常にチャレンジングなプロジェクトだと思いました。この中心市街地の所有者や利用者が、この希望に身を託し一致団結すれば実現可能かもしれない、希望があります。しかし、敵の大きさに設計者が怖じ

設計趣旨

ヴォイドのネットワーク化による福島県郡山市中心市街地の再生を考えた。郡山市は人口33万人、東北で第2の経済都市である。しかし現在の中心市街地は空洞化が進み空地が多くなっている。また、人口減少・少子高齢化による税収減少で財政悪化、防災面での弱さなど、多くの問題を抱えている。そこで本設計では、空地を生活ヴォイドとしてネットワーク化して活動が地域全体に面として広がり、課題解消に繋がる空間を提案する。また、新幹線、在来線、バスの交通ターミナルである郡山駅への利便性を生かして、電車が1、2時間に1本という待ち時間を活用して移動の転換点としての可能性を考えている。この地域には職住一体で生活用品を扱う大町商店街、蔵、既存建物の空きスペースなど、多くの資源がある。それを生かし、商店街にある呉服店、陶器販売店とコラボして独自の商品開発をしたり、住民が気軽にお店を開ける空間を設けている。空間設計では、ヴォイドの繋がりを意識して縁側や引き戸で調整できるようにしていて、1階と2階の繋がりを考える中で吹き抜けを介して視覚的に感覚的に意識的に見えるようにすることで人と人とがお互いの気配を感じられるようにした。

移動の転換点

地域循環システム

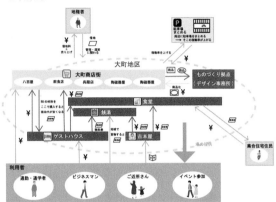

AREA 1	AREA 2	AREA 3	AREA 4	AREA 5
 駅からすぐの場所で、ビジネスマンや観光客の利用拠点である	空地をフットサル場として活用し、周囲の様々な活動を結びつける	周辺の大町商店街の店とコラボして独自の商品開発を行うモノづくり拠点	縁側が内と外の関係を繋ぎ、防災面では高床で浸水を防ぐ	引き戸によって気候や用途によって空間を調整できる
アーケード沿いにギャラリー、ライブラリーを設け活動を広げる	保育園、音楽スタジオが広場・アーケードが一体化し発表の場となる 	アトリエ、レクチャー室、ショップが並び、ものづくりの様子が見える 	サイクリングセンターにギャラリー、カフェを設け回遊性を高める 	既存の木を生かしつつ設計し、建物間のすきまが周辺に活動を広げる 
視線の抜けを作り、様々な場所での活動がうかがえる 	2Fはテラスで周辺を繋ぎ、1Fの機能に関連したライブラリーを設けている 	空地はBBQスペースとなり、材料は商店街の八百屋で安く購入できる 	既存建物のピロティ空間を活用し、マルシェ等を展開している 	吹き抜けを介して内部にも光が入り、壁は本棚として利用している 
様々な機能ごとに箱を配置し、構造体を利用した本棚等が活動を誘発させる	都市計画道路の立ち退きでできた空地をギャラリーとして新たな動線を作る 	2Fはゲストハウスとし、部屋、通路から1Fの様子を確認できる 	蔵は素材を生かしつつ場にあった活用をし、面として活動が展開される 	2Fは住戸で1Fと吹き抜け、窓を介して視線が抜け、外とも繋がる 

気づいてしまっている節もあって、既存建物の活用に対して、カフェやシェアキッチン、ライブラリーなど、空きビルに出来合いのプログラムを1つずつ当てはめるに留まっています。すると結局のところ、各プログラムは再び営利を目的とし始め、昔の都市と何ら変わらなくなるのではないか。例えば、駅前を1つの価値観でまとめ、全体に対して1つの価値を見出してから、細部の設計を行うことで、より魅力的になったのではないでしょうか。（髙橋一平）

意味的余白と空間的複雑性

プログラム 複合施設
計画敷地 神奈川県藤沢市鵠沼海岸

相馬 孝世
そうま たかせ

赤松研究室

「オートマチックな建築なんてありえない（卒制の裏テーマ）」
「Flume（卒制ソング）」
「ねこ（一番の息抜き）」

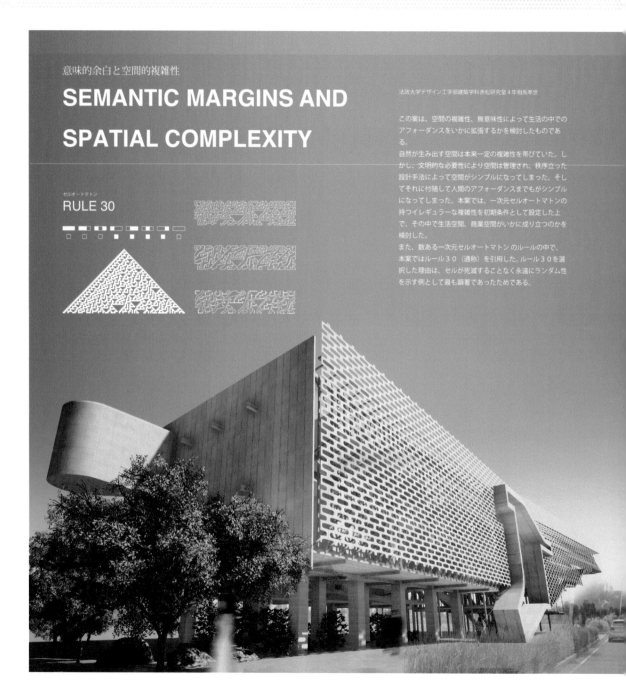

意味的余白と空間的複雑性

SEMANTIC MARGINS AND SPATIAL COMPLEXITY

法政大学デザイン工学部建築学科赤松研究室4年相馬孝世

この案は、空間の複雑性、無意味性によって生活の中での
アフォーダンスをいかに拡張するかを検討したものであ
る。
自然が生み出す空間は本来一定の複雑性を帯びていた。し
かし、文明的な必要性により空間は管理され、秩序立った
設計手法によって空間がシンプルになってしまった。そし
てそれに付随して人間のアフォーダンスまでもがシンプル
になってしまった。本案では、一次元セルオートマトンの
持つイレギュラーな複雑性を初期条件として設定した上
で、その中で生活空間、商業空間がいかに成り立つのかを
検討した。
また、数ある一次元セルオートマトンのルールの中で、
本案ではルール30（通称）を引用した。ルール30を選
択した理由は、セルが死滅することなく永遠にランダム性
を示す例として最も顕著であったためである。

セルオートマトン
RULE 30

審査員コメント

機能から建築空間を考えるのではなく、生成された空間から機
能を見出していく。かつ、その操作を人ではなくプログラムによっ
て自動で行う方法論を提案しており、卒業設計の射程として面
白いと思いました。提案を見ると、確かに空間の複雑さというも

この案は、空間の複雑性、無意味性によって生活の中でのアフォーダンスをいかに拡張するかを検討したものである。自然が生み出す空間は本来一定の複雑性を帯びていた。しかし、文明的な必要性により空間は管理され、秩序立った設計手法によって空間がシンプルになってしまった。そしてそれに付随して人間のアフォーダンスまでもがシンプルになってしまった。本案では、一次元セルオートマトンの持つイレギュラーな複雑性を初期条件として設定した上で、その中で生活空間、商業空間がいかに成り立つのかを検討した。また、数ある一次元セルオートマトンのルールの中で、本案ではルール30（通称）を引用した。ルール30を選択した理由は、セルが死滅することなく永遠にランダム性を示す例として最も顕著であったためである。

住所：神奈川県藤沢市鵠沼海岸
敷地面積：3,477.37 ㎡。

国道沿いに位置し、他には主にマンションや商業施設などが林立する。国道を挟んで反対側には防砂林と親水公園が位置する。内陸側には小田急線、江ノ島電鉄線などの公共交通機関が充実している。
この地域は江ノ島、湘南海岸などの観光資源により観光業が盛んであるが故に、商業的な土地の消費をされる傾向が強い。住居に関しては収益を最大化するためにz方向に積み上げマンションとし、国道沿いの観光客の通行の多い場所では商業施設が比較的多く立ち並んでいる。もちろん、これは街としては良い傾向である。地域としてのアイデンティティの最大化による街ぐるみのマネタイズ戦略としては、もともと持っていた土地柄に助けられてか同じような国内の地域と比べてみてもうまくいっている方である。しかし、この地域に限らず全ての都市空間において少なからず言える問題点がある。それは、空間のシンプルさと意味的な窮屈さである。
私たちは極めて意図的に作られた空間で決まったアフォーダンスに縛り付けられて生活している。
本案はそのアフォーダンスの画一性から抜け出すための提案である。

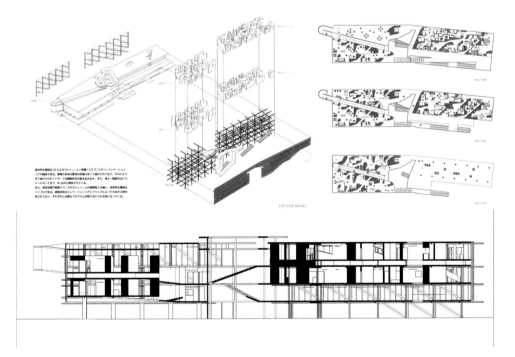

EXPLODE MODEL

のは表れていましたが、もっと複雑にできたのではないでしょうか。スラブで空間の関係性が断絶されてしまっているほか、ファサードを取り付けたことで、今まで批判してきた機能主義にからめとられてしまう気がします。また表現手法として、与えられた空間に人が能動的に働きかけていくというのなら、抽象的な全体模型と部分模型を、見る人が往復できるようにしてもよかったと思いました。（藤野高志）

煙突を見上げる街
木密ネットワークの再編

プログラム	集合住宅＋公共施設
計画敷地	東京都足立区千住

中村 綜真
なかむら そうま

渡邊研究室

「建物に挟まれた土地での採光計画(卒制の裏テーマ)」
「Gonna Fly Now(卒制ソング)」
「9日間で4回の睡眠、なんとか提出しました(卒制提出直前の生活)」

01. 分析

■ 木造　■ RC　■ 駐車場　■ 未接道　□ 公園

北千住の銭湯周辺は木造密集市街地が広がっており、銭湯と木造密集市街地の間に関係性が見られる。

木造密集市街地は昭和初期に形成され、現在老朽化したこの街はその脆弱性から災害時の危険性が懸念されている。未接道地が街の中に点在し、緊急車両が通行できない細い路地が多く残されている。しかしそれらの景観やその中で生まれるゆるやかなコミュニティは残していくべきと考える。

本提案では、北千住で現在も営業している8件の銭湯のうち、「金の湯」周辺の木造密集地に焦点を当て「金の湯」を中心とした木造密集市街地のネットワーク再編に取り組み、銭湯がある町のこれからのライフスタイルについて提案する。

02.Diagram[1]

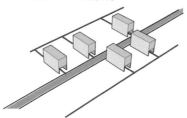

木造密集市街地の脆弱性、危険性に対して、行政の整備法として道路幅の拡張が行われる。しかし、これでは道路というインフラを強化し、地域の edge が強調される。人々の移動がインフラに構造化され、規定されるのではなく、町に中継地となる拠点を点在させることで、木造密集市街地の中で流れるゆるやかなコミュニティを建築が支えると考えた。現在地域住民が通勤、通学など単なる移動 movement としてしか使われないニコニコ商店街の通りに対してひとつ奥の道路まで視線がとおる線形の建築を計画した。この操作により普段決まった道路しか通らない地域住民の移動に変化を与え、movement を mobility に転換することを考えた。

「金の湯」はニコニコ商店街に面した銭湯で、かつては銭湯、商店街共に栄えた歴史がある。しかし、人々の暮らしが住宅地と都市部に依存する現代で、住宅地と都市部の中間域に位置する銭湯や商店街は衰退し、風化していった。現在のニコニコ商店街の通りは、廃業した店舗が住宅へと建て替わり、人々が東西に流れる単なる移動 movement としてしか使われない地域の edge がこの町に残った。

現在地域住民が主に利用している道路と道路の中間域は細い路地が複雑に入り組んでいる。このエリアにも線形の建築を点在させ、間接的に結ぶことでネットワークを支える。

03.Diagram[2]

木密の街区で

未接道地を取り壊し

地域の共有スペースを設ける

街区の道路側に店舗や施設を設置

道路から道路へと視線が抜けるミチを通し

その上に居住部を設ける

設計趣旨

現在も銭湯文化が根強く残るまち「北千住」。現代の銭湯が抱える問題である「浴場人口の減少」「コミュニティの希薄化」に対して、銭湯周辺の木造密集市街地に手を加えることでそれらの問題を解消し、銭湯があるまちのこれからのライフスタイルを提案する。北千住の銭湯のひとつ「金の湯」は、ニコニコ商店街に面した銭湯である。人々の暮らしが住宅と都市部に依存する現代で、住宅と都市部の中間域に位置する銭湯や商店街は衰退し、店舗がなくなりつつあるニコニコ商店街は、地域住民が金の湯の前を通り過ぎ、通勤通学など単なる移動movementとしてし

か使われない地域のedgeとなっている。今回、このedgeに対して地域住民同士が日常的に顔を合わせる銭湯の休憩所のような公共広場を備えた集合住宅を3軒設計した。公共広場を地域に点在させ、それらを間接的に結ぶプログラムが、木造密集市街地に流れるゆるやかなコミュニティとネットワークの基盤を形成し、銭湯という他人と他人が裸の付き合いをする場所での交流を支え、かつてのまちの社交場としての賑わいを取り戻すと考えた。

04.Site3

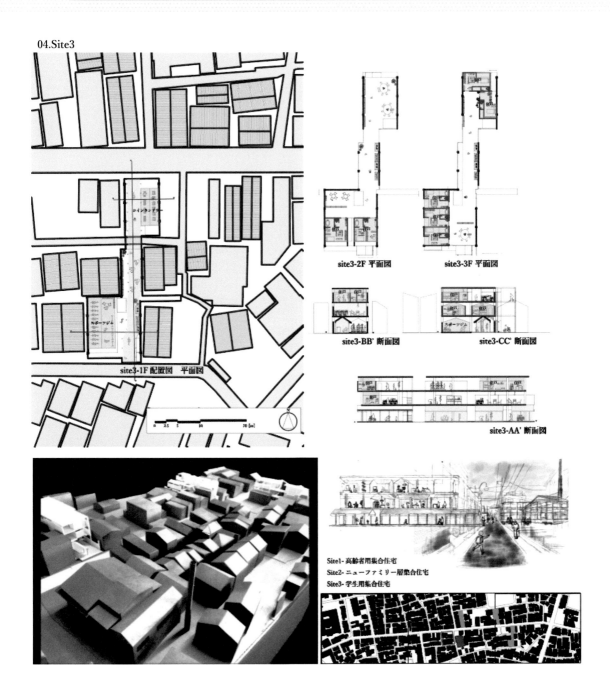

site3-1F 配置図　平面図

site3-2F 平面図

site3-3F 平面図

site3-BB' 断面図

site3-CC' 断面図

site3-AA' 断面図

Site1- 高齢者用集合住宅
Site2- ニューファミリー層集合住宅
Site3- 学生用集合住宅

りの人が入って来たくなるような空間を形にして、建築として表すことができると良かった。また、「ネットワーク」という言葉が何を対象としているのかを、プレゼンテーションで明確に示すことで、もっと良い提案になると思いました。(仲 俊治)

中原街道 二〇二五

みちの主役を問う

プログラム	商業施設・住戸
計画敷地	川崎市

服部 厚介
はっとり こうすけ

赤松研究室

「自分っぽいやりかたの模索（卒制の裏テーマ）」
「Horizon（卒制ソング）」
「木造の模型・敷地の選定・青沼の独り言・まなの机・
ふじの梱包（卒制中大変だったこと）」

自動車の生活道路への侵入

人のための生活道路「みち空間」　　自動車のための生活道路「道路空間」

近代化 →

← 人に還元する可能性

モータリゼーションによって、かつて生活道路にあった人々の姿と
生活道路に対する自治意識は失われてしまった。
新たに計画される道路をきっかけに人々の手に還されるのではないか。

神奈川

みち空間の在り方

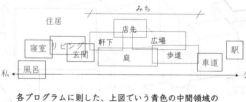

各プログラムに則した、上図でいう青色の中間領域の
提案を通して、新たなみち的性質の模索をしていく。

敷地 －中原街道－

東京

site

中原街道は防衛上の理由で鍵道
となっている箇所がある
この道沿いは
かつて宿場町として栄えていた

みち空間の豊かさとは

建物などに目的を持った行動

二つの行動同士が出会い
人間関係が関与した行動

⇒ 社会行動

散歩などのあてもなくぶらつく行動

社会行動（共同体）が生まれるきっかけを孕んだ必要行動とその共同体に
広がる可能性を持たせる任意行動。みち空間ではこの二者により生まれる
社会行動を獲得するプロセスが活発であると言える。

街道が迎える新たな転機
安全上の理由で、鍵道を滑らかに繋ぐように2025年の完成に向けて、計画道路が作られている。

⇒ 街道が人々の手に返されるのではないか

審査員コメント

車社会のまちから歩行者のまちへと変える提案自体、考え方は
理解できます。そこでは歩くという行動が生む原始的な活動が
起こるでしょうが、今の現代人にそれが可能なのかどうか私も
疑問です。ただ、歩行者の時代に遡るだけでは、昔に生きてい

設計趣旨

私は、既存施設である5つのお店とそれぞれのオーナー住戸のリノベーションの提案をした。ここでは、モータリゼーションを境に、ひとのためのものであった生活道路をみち空間、現代の自動車のためのものである生活道路を道路空間と呼ぶ。敷地は川崎市の中原街道の鍵道となっている部分で、そこはかつて宿場町としてみち空間が広がっていたが、現在は東京へと続く道路として、幅員が7mの歩道のない幹線道路となっており危険な状況である。この状況に対し、2025年を完成の目処に、この鍵道を滑らかに繋ぐように新たな道路が計画されている。

中原街道の歴史を持ちつつ交通の役割から解放される道路が部分的に浮き上がり、人々の手に還されるきっかけとなる。私はその部分で、ここ特有のひらがなのみち空間を展開できるのではないかと考えた。従来のみち空間が線形で成り立っていることに対し、ここで展開されるみち空間は、様々なレベルのスラブでみちが展開され、また街道からみる建築に奥行きを持たせ、出会いの密度を上げることを狙って設計した。これにより、街道を単なる交通の役割から脱出させ、人々にとっての中間的な居場所となり、現代のみち空間となっていくだろう。

「ヒーロー」（コインランドリー）
・待ち時間を充実させる本と軽食とピクチャギャラリー
・子供達の集合場所
・本を趣味とする単身住戸者

30代夫婦、小学低学年子供2人の4人暮らし
カメラが趣味である主人
ランドリーを管理している奥さん

「笠倉茶店」（御茶屋）と建築アトリエ
・お茶をいただく空間とフレキシブルに動く建築アトリエ
・テラス席とキッチンがお茶屋空間と建築アトリエを緩やかに繋ぐ
・アトリエスタッフである単身住戸者

40代夫婦二人暮らし
小さな建築アトリエを持つ主人
お茶屋を管理する奥さん

「小林食堂」
・みちにまで広がる大きな観戦空間
・食堂とオーナー住戸の一体的空間

50代夫婦二人暮らし
川崎フロンターレのサポーターである主人

「つけぎや」（御米屋）
・お米屋の材料を使った米菓子を楽しむ空間
・休日に行われる料理教室
・緑道に囲われた家
・料理を趣味とする単身住戸者

40代夫婦二人暮らし
お米屋を管理する主人
キッチンを解放して米菓子を振る舞う奥さん

「新栄青果」（八百屋）
・地域の人々で成長を見届ける菜園とそこで採れた物の特別販売
・絵画のアトリエのための大きな壁を含む大空間
・植物や野菜で絵の具をつくるワークショップ
・単身住戸者専用の絵のギャラリーと外部のアトリエ

40代夫婦二人暮らし
八百屋と菜園を管理している主人
絵描きである奥さん

たほうが良かったという流れになってしまう。それでは将来を見失ってしまいます。歩行者のまちに戻すだけではなく、歩くことによって得られる新しい価値や魅力を掘り出して欲しいと思います。新しい乗り物や移動サービスが増えるかもしれないし、移動空間が全然変わってしまうような都市経験が起こるのかもしれない。そうすれば昔の価値観で建てた住宅や商店も、新しい合理性に伴ってつくり替えらえるかもしれません。もっと未来へ目を向けても良かったのではないでしょうか。（高橋一平）

塀の寂しさを取り除く
こみちに寄り添う振る舞い

プログラム	集合住宅、交流施設
計画敷地	東京都西東京市田無

濱野 開登
はまの かいと

渡邉研究室

「毎日挨拶から始める（卒制の裏テーマ）」
「車輪の唄／BUMP OF CHICKEN（卒制ソング）」
「クリスマス、お正月を満喫してしまう（卒制中の事件）」

ヒトを受け入れるように開いたウッドデッキにより、こみちに沿って振る舞いが発生し、交流が生まれる。

01.SITE

東京都西東京市田無にあるふれあいのこみち沿い。この道はもともと田無用水という用水路であり、青梅街道の宿場町であった江戸時代から地域の憩いの場として親しまれてきた。しかし生活排水が流れるようになり、暗渠化され、現在は塀が立ち並び、周辺住宅は背を向けているような殺風景で寂しげな遊歩道となっている。

図1はふれあいのこみち周辺の境界を塀、フェンス、生垣の3種類に分類したマッピングである。こみちに対してずっと塀やフェンスが並んでいることがわかる。

暗渠は車が通ることができないため、ヒトが歩くための道である。車が通らない、ヒトのための道であるからこそこみちに対して開いていくべきではないだろうか。

その一つのきっかけとなるための集合住宅とコミュニティセンターの提案。

図1 境界の種類による分類

審査員コメント

建築のデザインやまち並みのつくり方は良いと思いましたが、ここまでできるんだったら、この計画は何に向かってつくられているのかが気になりました。また、デザインの対象がやや狭かったようにも感じました。建築をつくることで風景もつくることができ

ヒトの振る舞いが感じられる空間には惹かれるものがある。わずかな隙間に座るヒト、微妙な段差に置かれたプランター、誰かがつくったベンチ。何気ない風景の中の振る舞いの要素を見つけ、空間に反映する。敷地は東京都西東京市田無のふれあいのこみちという暗渠遊歩道沿い。こみちに沿って塀やフェンスがずらっと並び、周辺住宅は背を向けるように建っていて、殺風景で寂しい印象を受ける。道幅3mほどの狭い道にもかかわらず、自転車は軽快に走り、事故が発生することもある。かつては憩いの場として親しまれた川であったが、現在では寂しい場所となってしまっている。しかしその中にも振る舞いが感じられる空間がある。暗渠特有の彎曲によってできたフェンス下のブロックのわずかな隙間に座るヒト、塀の上や縁石上に置かれたプランターなど、何気ない風景がコミュニケーションのきっかけとなることができるのではないだろうか。こみちに対して閉じている道沿いに、開き、ヒトを受け入れること、そして振る舞いの要素がヒトの行動を導き、こみちを変えていくきっかけとなる集合住宅とコミュニティーセンターの提案。

02.CONCEPT

寂し気なこみちの中にもヒトの振る舞いを感じられる空間があり、そういった空間には振る舞いが起きるための要素が存在している。その要素を空間に組み込むことで、居心地よい空間をつくることができるのではないだろうか。

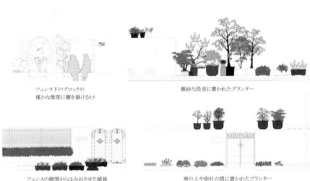

フェンス下のブロックの
僅かな隙間に腰を掛けるヒト

微妙な段差に置かれたプランター

フェンスの隙間からはみ出させた植栽

塀の上や街灯の間に置かれたプランター

こみち沿いには塀が立ち並び、こみちと周辺を分断してしまっていることが、寂しい印象の一つではないだろうか。塀をなくし、敷地内にヒトを受け入れ、振る舞いの要素によってそこに滞留することで、交流の場となる。
建物の造形はブロック塀が崩れたものをイメージしている。この建築を見て、空間を体験することで、ヒトを受け入れることが地域に広がっていく。

塀があることで周囲と交わる範囲が狭まれる

塀を取り除くことで、周囲と交わる範囲が増加する

03.PLAN&SECTION

1F 平面図

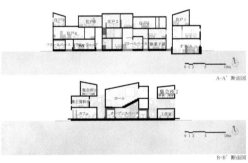

A-A' 断面図

B-B' 断面図

るのではないかという期待感があり、隣の敷地のブロック塀もすべて取り除いて新築や改修を行うことで、歩行者専用の道だからこそできる風景が生まれるのではないでしょうか。本来、プライバシーを確保する必要のある住宅はブロック塀を取り除くことができませんが、だからこそ、それを取り除く行為は風景を生み出す行為につながる。そこまで到達できたらもっと良かったと思います。(仲 俊治)

051

すきまからつながる日常

プログラム　集合住宅
計画敷地　神奈川県大和市南林間

藤田 晃也
ふじた こうや

赤松研究室

「ipadを使えるようになる（卒制の裏テーマ）」
「まちがいさがし（卒制ソング）」
「シーラカンス（参考にした建築家）」

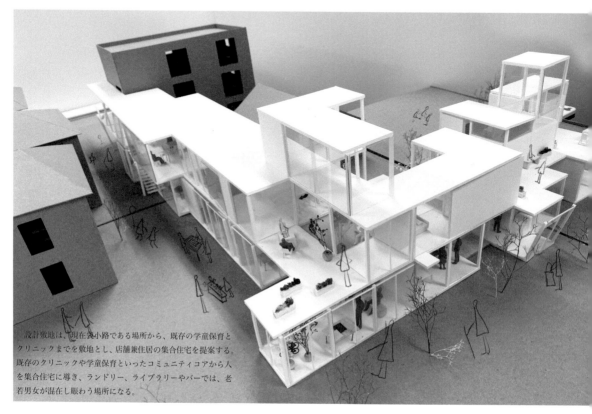

　設計敷地は、現在袋小路である場所から、既存の学童保育とクリニックまでを敷地とし、店舗兼住居の集合住宅を提案する。既存のクリニックや学童保育といったコミュニティコアから人を集合住宅に導き、ランドリー、ライブラリーやバーでは、老若男女が混在し賑わう場所になる。

学童保育とクリニックのすきまから集合住宅が見える。手前ではバスを待ち、奥の共同キッチンの前ではBBQを、二階ではジムをする。

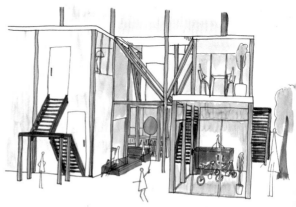

手前に自転車屋があり、奥にライブラリーの本棚が見える。路地のようなすきまでは、休憩したり、本を読んだりする。

審査員コメント

力作であると思いましたが、それ故に、デザインの範囲を狭く限定してしまったように感じました。言い換えると、建築の中に閉じてしまっていた。教員など、ずっとこの作品を見てきた人であれば拡大解釈もできたかもしれませんが、初めてみた僕には、相

去年祖父が認知症になったことから、その問題は人と繋がりにくい閉じたまちが原因ではないかと考え、このまちを見直すきっかけになった。そこで今回祖父の家付近を計画敷地に選び、外に開かれ、まちのすきまからつながる集合住宅を提案する。

建築的提案として、1住戸は、スペースブロックのように2.5m×2.5mのシンプルなブロック5、6個の組み合わせで作られ、内部には多様な空間を作り、外部には路地のようなすきまをつくり、それぞれの住戸が外に積極的に開きながら、木を使って仕切るなど内部と外部を緩やかにつなぎ、人と人が繋がりやすくする。

また、学童保育やクリニックといった既存のコミュニティーコアから人が集合住宅に導かれ、住人が運営するライブラリー、ランドリーやバーに訪れることで、住人以外との接点も生まれ、ソフト面でも外に開かれた場所になる。そのようにして、新たなコミュニティーがつくられ、まちに居場所ができるようになることで、より魅力的なまちになるのではないだろうか。

1住戸に1人が住む。
それぞれの住人は、自転車屋、ライブラリー、BAR、アトリエなどを運営することで、外部に開いた場所を作り、積極的に外に開いた集合住宅になる。

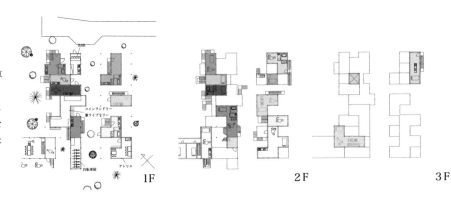

1F 2F 3F

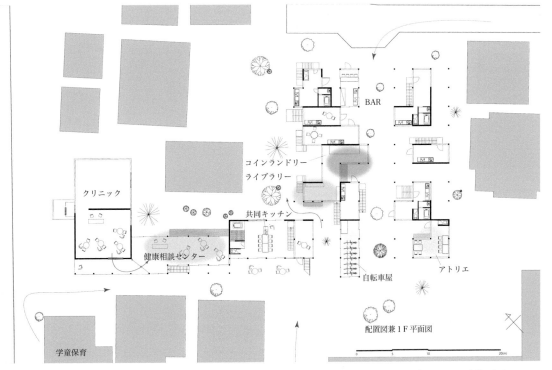

配置図兼1F平面図

それぞれの住戸は、一階は外に開きつつ木を使って境界を緩やかにつなぐ。二階は住人が使うテラスがあり、比較的プライベートな空間が広がる。

当閉鎖的な建築に感じました。今回見た作品の中では建築の形態をかなり先行させていて、L型やうねうねしたその形の効果については言及できていましたが、それがどう建物の周辺に広がっていくかを、もっと考えられていたら良かったと思います。

（仲 俊治）

コモンズのある生活

細田 賢

ほそだ さとし

北山研究室

プログラム	自然への復帰
計画敷地	埼玉県富士見市上南畑

「豊かな生活とは（卒制の裏テーマ）」
「決意の朝に（卒制ソング）」
「定常型社会、社会的共通資本、地域社会圏モデル（参考図書）」

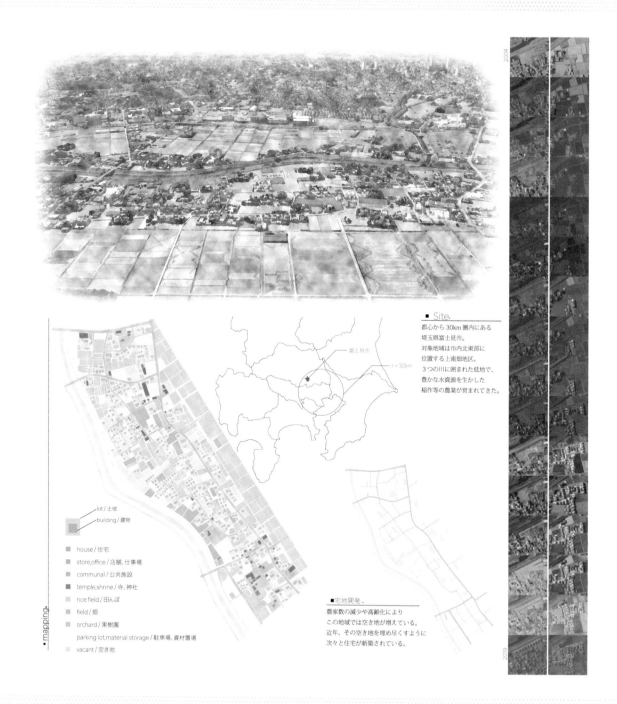

■ Site.

都心から30km圏内にある
埼玉県富士見市。
対象地域は市内北東部に
位置する上南畑地区。
3つの川に囲まれた低地で、
豊かな水資源を生かした
稲作等の農業が営まれてきた。

富士見市

r=30km

■ mapping.

- lot／土地
- building／建物

- house／住宅
- store,office／店舗、仕事場
- communal／公共施設
- temple,shrine／寺、神社
- rice field／田んぼ
- field／畑
- orchard／果樹園
- parking lot,material storage／駐車場、資材置場
- vacant／空き地

■宅地開発.

農家数の減少や高齢化により
この地域では空き地が増えている。
近年、その空き地を埋め尽くすように
次々と住宅が新築されている。

審査員コメント

自然との関わりを回復したいという問題意識から始まったテーマでしたが、できあがったものを見てみると、デザイン対象がやや狭いように感じました。自然との関わりを回復するということは、もっと多面的、重層的なことではないでしょうか。みんなの

人口減少の時代に突入し、社会が縮小へと向かう中、日本では未だに首都圏へと人口が集中している。これまでの社会では利便性を求めて都心に人が集まっていたが、インターネットが発達した現在、またこれからの社会では利便性が均一化され都心に暮らす必要がなくなってくる。今、高齢化や農家の後継者不足から東京周辺の農地は宅地へと開発され、豊かな自然環境が失われつつある。そんな郊外で農地などの自然環境を維持しつつ、持続可能的発展をすることはできるか。農と関わりながらの生活こそが人間らしい豊かな生活なのではないだろうか。

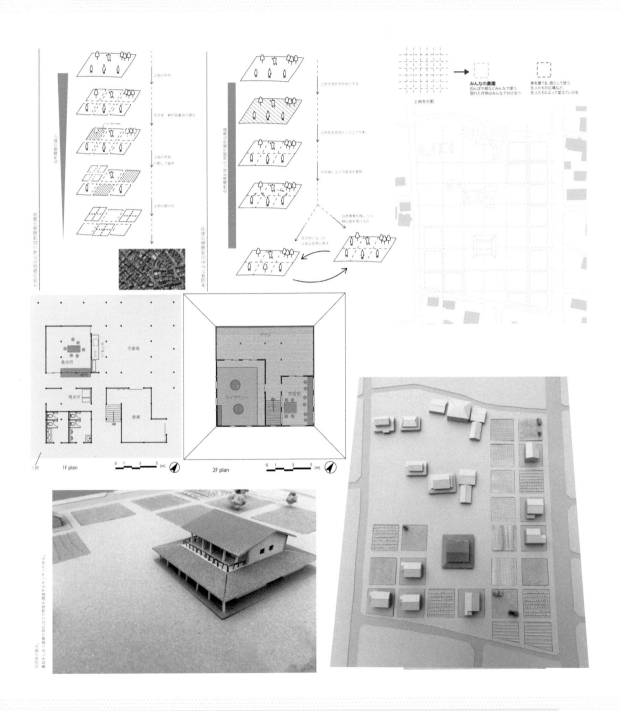

1F plan　　　2F plan

農園をつくって、この田んぼで一年分の米が獲れます、というようなことだけではありません。エネルギー循環や、暑さ・寒さといった環境にも踏み込めることができたら、建築の形がもっと変わるのではないかと思いました。(仲 俊治)

VV(irtual)ORLD

プログラム 世界
計画敷地 仮想空間

宮本 航
みやもと わたる

北山研究室

「韻を踏む。映画と漫画と音楽の引用をする（卒制の裏テーマ）」
「Higher／Mall boyz（卒制ソング）」
「荒川修作、アキ・カウリスマキ、小沢健二、ポール・オースター
（好きなアーティスト）」

この作品は仮想空間で世界をつくるという提案である。メディア技術によって世界の認識方法や世界が多様化している現在、自らにとって不可視であった世界を知り、新たな世界像を作ることは、世界制作の方法であると言えるだろう。つくることはメディアによってますます容易になる。それならば、身体感覚のあるメディア空間に共同体を作り上げることは可能でないか？所属する世界を増やすことはこれからの時代の新たなコモンズとなりえるのではないか？それなら最高の世界を自分たちで作ろう。

Special Thanks
MUNETA AKANE
KATSUNO FUMI
OGAWA HARUKI
NISHIMURA RYO
SUZUKI KIYOE
IMAZU SHUNSUKE
EZURE KENTO
OHTAKE MISA
ANDO SAKURAKO
ARAI KANAME
NIHONGI REN
MIYAMOTO KOUHEI

審査員コメント

仮想空間において新たな世界を提示しようとした作品でしたが、実際の制作物は現実に即したものという印象でした。現実の物理法則を適用しなくても構わないこと、人間が三次元方向に動けること、この特性を最大限に活用した空間の面白さを追

この作品は仮想空間に世界をつくるという提案である。これからの時代は＜世界＞と呼ばれるものの在り方が技術によって変わっていくだろう。建築と呼ばれているものもすでに変化しつつある。VRやAR、MRと呼ばれる技術によって投影されたものの中で生きる時代になりつつあるなかで私たちの世界像に対する認識や、形成しうる私の世界のあり方も多様で未知なるものの可能性を創出している。刻々と変化する世界で「いっしょにつくる」ということが次の時代の希望になると考えた。楽しく面白い世界を一緒につくればいい。自らの世界に閉じるのではな

く、私と他者とで形成するのである。つくることは技術が手伝ってくれる。遊びながら最強の世界を自分たちでつくりあげることができればきっと愉快な世界となるだろう。喜びを分かりあったりする場所はいっしょにつくる方法が一番いい。楽しむことを目的とするならば物理空間だろうが、仮想空間だろうが関係はありゃしない。いっしょに建築を、音楽や遊びを制作し、たくさんの世界を共有し合うことが私なりのコモンズである。

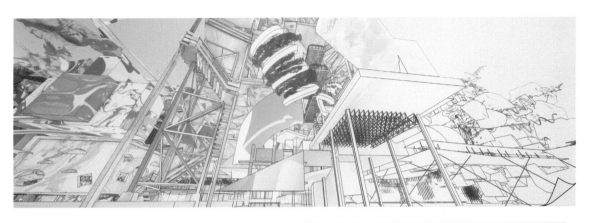

入場（ログイン）

新たな世界の始まり。様々な冒険、ドラマ、感動が、訪れる世界中の人々に待っていよう。ある人はそこで忘れられない思い出を。またある人は一生の友を。

様々な世界を
楽しむ

それはお前がやるんだよ

何物でもないが
世界をつくる

世界をつくる
のは簡単だ

求すべきだったと思いますし、本人もやりたかったのだと思いますが、そこに至っていないことが残念でした。また、楽しむことをコンセプトとしていましたが、その表現が絵だけにとどまっていて、VRの中では表現しきれていませんでした。インターネット上にあるデジタルジャンクを集めてくる制作方法には可能性を感じますし、現実的なしがらみがヴァーチャルワールドに漏れてくるのであれば批評的になったかもしれません。（門脇耕三）

暮らしの積層

プログラム　複合交流施設
計画敷地　東京都日野市東町地区

吉山 朔良
よしやま さくら

赤松研究室

「マイペース（卒制の裏テーマ）」
「Sing（卒制ソング）」
「遅寝早起き（卒制で辛かったこと）」

審 査 員 コ メ ン ト

日野を計画地に、住む場所と働く場所の中間地点のデザインを
しています。人は都市を経験しながら暮らしているが、都市経験
の中で名前のつかない場所が重要であるということには共感し
ました。しかし設計した建築をみると、都市の中で隔離されたも

設計趣旨

従来の暮らしでは、戸建て住宅に機能が一通り揃い、完結性を帯びることで都市経験と一旦切り離されるという問題がある。しかし、本来ヒトの活動はもっと多様で戸建ての住宅には収まらないのではないかと考えた。

この問題を打破するために、完結した家には収まらない活動の受け皿となるような空間を構想する。空地に対して、住宅に収まらないアクティビティを付加し、これにより住宅が集まることで、ヴォイド空間が暮らしの断片（個の活動）の集合となる。コミュニティという大きな枠組みから個人の活動が決定されるのではなく、個人の自由な都市経験からコミュニティが成り立つ仕組みとなる。敷地は東京都日野市東町地区の住宅地を扱っており、甲州街道と旧甲州街道の二つのエッジにより周辺から切り離された住宅地となっている。また、この場所には多くの空地が点在している。その中から、ここに暮らす人にとって土着的なリトルスペースになり得る、入り組んだ路地に面した面積の小さい空地を5ヶ所、計画地に選定した。共用のキッチン、オフィスやアトリエなど様々な営みが積層することによってこの建築が人の接合点となる。

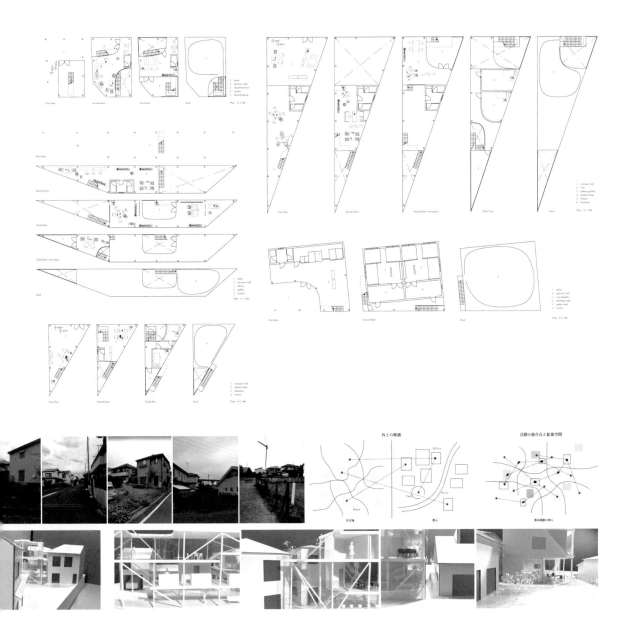

のになっていました。ファサードが全面ガラス張りになっていて、街道沿いと裏の住宅地の二面性を考えると、住宅に住んでいる人はかえって閉じてしまうのではないかと感じました。都市の連続性が重要であるということが主張なのであれば、人の1日の活動の連続性、つまり時間の入口と出口から建物のデザインを考えられるのではないでしょうか。（藤野高志）

株式会社 総合資格の『就職支援サービス』

企業選びからご入社まで、総合資格ならではの
全国ネットワークを活かし、皆様の転職・就職をサポートします。

※エージェントサービスのご利用はすべて無料ですので、ご安心ください。

ご入社まで
サポート

提出書類の
**チェック
&
添削**

会社選び、
仕事選びの
**的確な
アドバイス**

面接対策

建設業界の会社を紹介します！
全国、約90拠点のネットワークを活かした企業との太いパイプ

ご登録はこちら

▶ サービスご利用のSTEP

1 ご登録	2 キャリアアドバイザーとの面談	3 求人紹介	4 選考日程調整／フォロー	5 内定／入社
後日、アンケートとともに面談日程調整のメールをお送りします。	対面、WEB対面、電話を活用し、皆様のご都合にあった手段での面談が可能です。	これまで蓄積した総合資格ならではの求人紹介ならびに企業情報を提供します。	各選考プロセスの合否連絡、面接日程の調整など、弊社が調整させていただきます。	ご不明な点の確認からご入社まで、しっかりとサポートさせていただきます。

お問い合わせ

🎧 **株式会社 総合資格** 人材センター事務局

［ E-mail ］career-info@shikaku.co.jp　［ TEL ］03-6304-5411

受験資格緩和や実務経験の対象実務が拡大!!
令和2年 新しい建築士試験がスタート!

総合資格学院は
日本一の
合格実績!

No.1

1級建築士試験
全国合格者占有率
No.1

※当学院のNo.1に関する表示は、公正取引委員会「No.1表示に関する実態調査報告書」に基づき掲載しております。 ※全国合格者数・全国ストレート合格者数は、(公財)建築技術教育普及センター発表に基づきます。 ※学科・製図ストレート合格者とは、2019年度1級建築士学科試験に合格し、2019年度1級建築士設計製図試験にストレートで合格した方です。

2019年度 1級建築士
学科+設計製図試験

64.6%
ストレート合格者占有率

全国ストレート合格者1,696名中／
当学院当年度受講生1,095名
〈2020年2月5日現在〉

全国ストレート合格者のおよそ3人に2人は当学院の当年度受講生!

2019年度 1級建築士 設計製図試験 卒業学校別実績

卒業生合格者20名以上の学校出身合格者 2,032名中／
当学院当年度受講生 1,242名

下記学校卒業生合格者の6割以上は
当学院当年度受講生!

61.1% 当学院占有率

法政大学
卒業生合格者当学院占有率 **66.7%**

法政大学卒業生合格者の
3人に2人が当学院当年度受講生!

法政大学卒業生合格者60名中／当学院当年度受講生40名

学校名	卒業合格者数	当学院受講者数	当学院占有率	学校名	卒業合格者数	当学院受講者数	当学院占有率	学校名	卒業合格者数	当学院受講者数	当学院占有率	学校名	卒業合格者数	当学院受講者数	当学院占有率
日本大学	192	127	66.1%	名古屋工業大学	46	33	71.7%	東京工業大学	32	16	50.0%	名古屋大学	25	13	52.0%
芝浦工業大学	110	68	61.8%	名城大学	46	29	63.0%	北海道大学	32	18	56.3%	中央工学校	24	14	58.3%
東京理科大学	95	60	63.2%	東海大学	45	28	62.2%	信州大学	31	21	67.7%	三重大学	23	16	69.6%
早稲田大学	88	34	38.6%	大阪工業大学	43	29	67.4%	関西大学	30	20	66.7%	室蘭工業大学	23	14	60.9%
近畿大学	66	43	65.2%	東京都市大学	43	31	72.1%	福岡大学	30	16	53.3%	武庫川女子大学	21	17	81.0%
法政大学	**60**	**40**	**66.7%**	新潟大学	41	29	70.7%	大阪市立大学	29	14	48.3%	神奈川大学	20	13	65.0%
明治大学	60	41	68.3%	愛知工業大学	38	24	63.2%	大阪大学	29	17	58.6%	日本女子大学	20	11	55.0%
工学院大学	57	33	57.9%	京都大学	37	17	45.9%	東京大学	29	14	48.3%	豊橋技術科学大学	20	13	65.0%
九州大学	53	29	54.7%	熊本大学	36	25	69.4%	東洋大学	29	24	82.8%				
千葉大学	49	28	57.1%	金沢工業大学	34	19	55.9%	千葉工業大学	28	17	60.7%				
京都工芸繊維大学	48	28	58.3%	立命館大学	34	20	58.8%	広島大学	26	18	69.2%				
東京電機大学	48	28	58.3%	横浜国立大学	33	20	60.6%	東北大学	26	12	46.2%				
神戸大学	46	28	60.9%	広島工業大学	32	16	50.0%	鹿児島大学	25	17	68.0%				

※卒業学校別合格者数は、試験実施機関である(公財)建築技術教育普及センター及びセンターの発表によるものです。 ※総合資格学院の合格者数には、「2級建築士」等を受験資格として申し込まれた方も含まれている可能性があります。 ※上記合格者数および当学院占有率はすべて2020年2月19日に判明したものです。

建築士受験生を応援します

2019年度 1級建築士

設計製図試験

全国合格者3,571名中／
当学院当年度受講生2,138名
（2020年2月12日現在）

59.9% 合格者占有率

全国合格者のおよそ6割は当学院の当年度受講生!

2019～2015年度 1級建築士

学科試験

全国合格者合計24,436名中／
当学院受講生12,228名
（2019年9月10日現在）

50.0% 合格者占有率

全国合格者の2人に1人以上は当学院の受講生!

おかげさまで総合資格学院は「合格実績日本一」を達成しました。
これからも有資格者の育成を通じて、業界の発展に貢献して参ります。

総合資格学院　学院長
岸 隆司

2019年度 2級建築士 設計製図試験

当学院
当年度受講生
合格者数
2,080名

全国合格者の4割以上（占有率41.3%）は当学院の当年度受講生!
全国合格者数は、(公財)建築技術教育普及センター発表による。全国合格者数5,037名

当学院基準達成
当年度受講生
合格率
80.2% 全国合格率46.3%に対して

9割出席・9割宿題提出・模擬試験2ランクⅠ達成
当年度受講生1,206名中／合格者967名
（2019年12月5日現在）

2019年度 1級建築施工管理技術検定 実地試験

当学院基準達成
当年度受講生
合格率
83.1% 全国合格率46.5%に対して

9割出席・9割宿題提出
当年度受講生758名中／合格者630名（2020年2月6日現在）

2019年度 設備設計1級建築士講習 修了考査

当学院
当年度受講生修了率
84.8% 全国修了率67.6%に対して

当学院当年度受講生46名中／修了者39名
（2019年12月18日現在）

2019年度 建築設備士 第二次試験

当学院基準達成
当年度受講生
合格率
89.6% 全国合格率54.3%に対して

8割出席・8割宿題提出
当年度受講生67名中／合格者60名（2019年11月7日現在）

総合資格学院の合格実績には、模擬試験のみの受験生、教材購入者、無料の役務提供者、過去受講生は一切含まれておりません。

建設業界に特化した
新卒学生就活情報サイト 総合資格navi

建築関係の資格スクールとしてトップを走り続ける総合資格学院による、建築学生向けの就活支援サイト。
長年業界で培ったノウハウとネットワークを活かして、さまざまな情報やサービスを提供していきます。

スマートフォンから
直接アクセス⇒

開講講座一覧	1級・2級建築士	構造設計/設備設計1級建築士	建築設備士	1級・2級建築施工管理技士	1級・2級土木施工管理技士	法定講習	一級・二級・木造 建築士定期講習	第一種電気工事士定期講習	宅建登録講習
	1級・2級管工事施工管理技士	1級造園施工管理技士	宅地建物取引士	賃貸不動産経営管理士	インテリアコーディネーター		管理建築士講習	監理技術者講習	宅建登録実務講習

法 建 卒 有　2
政 築　　業　0
大 学　　設 志　2
学 科　　計 展　0

2020 法政大学建築学科 卒業設計有志展

発 行 日　　2020年6月30日

編　　著　　2020 法政大学建築学科卒業設計有志展 学生一同

発 行 人　　岸 隆司

発 行 元　　株式会社 総合資格　総合資格学院

　　　　　　〒163-0557 東京都新宿区西新宿1-26-2　新宿野村ビル22F

　　　　　　TEL 03-3340-6714（出版局）

　　　　　　株式会社 総合資格 ………… http://www.sogoshikaku.co.jp/

　　　　　　総合資格学院 ………………… https://www.shikaku.co.jp/

　　　　　　総合資格学院 出版サイト …… http://www.shikaku-books.jp/

編　　集　　株式会社 総合資格 出版局（藤谷有希）

表紙デザイン　法政大学（中田宗一郎）

本文デザイン　株式会社 総合資格 出版局（三宅 崇）

印　　刷　　図書印刷 株式会社

Printed in Japan

ISBN 978-4-86417-356-8